孟子章句

十三經漢魏古注叢書

〔東漢〕趙岐 章句
陸傑 整理

商務印書館
The Commercial Press

商务印书馆(上海)有限公司 出品
The Commercial Press (Shanghai) Co.Ltd

十三經漢魏古注叢書

總主編：朱傑人

執行主編：徐　淵　但　誠

叢 書 序

儒學的發生和發展，是與儒家經典的確認與被詮釋、被解讀相始終的。東漢和帝永元十四年（公元102年），司空徐防"以《五經》久遠，聖意難明，宜爲章句，以悟後學。上疏曰：'臣聞《詩》《書》《禮》《樂》，定自孔子，發明章句，始於子夏。其後諸家分析，各有異説。漢承亂秦，經典廢絶，本文略存，或無章句。收拾缺遺，建立明經，博徵儒術，開置太學。'"（〔南朝宋〕范曄撰，〔唐〕李賢等注：《後漢書》卷四十四《徐防傳》，北京：中華書局，1965年，第1500頁）於今而言，永元離孔聖時代未遠（孔子逝於公元前479年，至永元十四年，凡581年），然徐防已然謂"《五經》久遠，聖意難明"，而強調"章句"之學的重要性。所謂"章句"，即是對經典的訓釋。從徐防的奏疏看，東漢人既認同子夏是對儒家經典進行訓釋的"發明"者，也承認秦亂以後儒家的經典只有本文流傳了下來，而"章句"已經失傳。

西漢武帝即位不久，董仲舒上《天人三策》，確立了儒學作爲國家的主流意識形態。自此，對儒家經典的研究與注釋出現了百花齊放的局面，章句之學成爲一時之顯學。漢人講經，重師法和家法。皮錫瑞曰："前漢重師法，後漢重家法。先有師法，而後能成一家之言。師法者，溯其源；家法者，衍其流也。"（〔清〕皮錫瑞著，周予同注釋：《經學歷史》，北京：中華書局，2008年，第136頁）既溯其源，則兩漢經學，幾乎一出於子夏。即其"流"，大抵也流出不遠。漢章帝建初四年（公元79年），詔群儒會講白虎觀論《五經》異同，詔曰："蓋三代導人，教學爲本。漢承暴秦，褒顯儒術，建立《五經》，爲置博士。其後學者精進，雖曰承師，亦別名家。孝宣皇帝以爲去聖久遠，學不厭博，故遂立大、小夏侯《尚書》，後又立《京氏易》。至建武中，復置顏氏、嚴氏《春秋》，大、小戴《禮》博士。此皆所以扶進微學，尊廣道藝也。"（〔南朝宋〕范曄撰，〔唐〕李賢等注：《後漢書》卷三《肅宗孝章帝紀》，第137—138頁）漢章帝的詔書肯定了師法與家法在傳承儒家經典過程中不可或缺的作用，並認爲收羅和整理瀕臨失傳的師法、家法之遺存，可以"扶進微學，尊廣道藝"。

嚴正先生認爲兩漢經學家們"注重師法和家法是爲了證明自己學說的權威性，他們可以列出從孔子以至漢初經師的傳承譜系，這就表明自己的學說確實是孔子真傳"（姜廣輝主編：《中國經學思想史》第二卷，北京：中國社會科學出版社，2003年，第14頁）。這種風氣，客觀上爲兩漢時代經學的發展提供了一個可控而不至失範的學術環境，有利於經學的傳播和發展（當然，家法、師法的流弊是束縛了經學獲得新的生命力，那是問題的另一個方面）。漢代的這種學風，一直影響到魏、晉、唐。孔穎達奉旨修《五經正義》，馬嘉運"以穎達所撰《正義》頗多繁雜，每掎摭之，諸儒亦稱爲允當"（〔後晉〕劉昫等撰：《舊唐書》卷七十三《馬嘉運傳》，北京：中華書局，1975年，第2603頁）。所謂"頗多繁雜"，實即不謹師法。史載，孔穎達的《五經正義》編定以後，因受到馬嘉運等的批評並未立即頒行，而是"詔更令詳定"

（〔後晉〕劉昫等撰：《舊唐書》卷七十三《馬嘉運傳》，第2603頁）。直至高宗永徽四年（公元653年），才正式詔頒於天下，令每歲明經科以此考試。此時離孔穎達去世已五年之久。此可見初唐朝野對儒家經典訓釋的慎重和謹嚴。這種謹慎態度的背後，顯然是受到自漢以來經典解釋傳統的影響。

正因爲漢、魏至唐，儒家學者們對自己學術傳統的堅守和捍衛，給我們留下了一份彌足珍貴的遺産，那就是一系列關於儒家經典的訓釋。我們今天依然可以見到的如：《周易》王弼注，《詩經》毛亨傳、鄭玄箋，《尚書》僞孔安國傳，三《禮》鄭玄注，《春秋左傳》杜預注，《春秋公羊傳》何休解詁，《春秋穀梁傳》范甯集解，《論語》何晏集解，《孟子》趙岐章句，《爾雅》郭璞注，《孝經》孔安國傳、鄭玄注等。這些書，我們姑且把它們稱作"古注"。

惠棟作《九經古義序》曰："漢人通經有家法，故有《五經》師。訓詁之學，皆師所口授，其後乃著竹帛。所以漢經師之説立於學官，與經並行。《五經》出於屋壁，多古字古音，非經師不能辯，經之義存乎訓，識字審音乃知其義，是故古訓不可改也，經師不可廢也。"（〔清〕惠棟：《九經古義》述首，王雲五編：《叢書集成初編》254—255，上海：商務印書館，1937年，第1頁）惠氏之説，點出了不能廢"古注"的根本原因，可謂中肯。

對儒家經典的解讀，到了宋代發生一個巨大的變化："訓詁之學"被冷落，"義理之學"代之而起。由此又導出漢學、宋學之別，與漢學、宋學之爭。

王應麟説："自漢儒至於慶曆間，説經者守訓故而不鑿。《七經小傳》出而稍尚新奇矣。至《三經義》行，視漢儒之學若土梗。"（〔宋〕王應麟著，〔清〕翁元圻輯注，孫通海點校：《困學紀聞注》卷八《經說》，北京：中華書局，2016年，第1192頁）按，《七經小傳》劉敞撰，《三經義》即王安石《三經新義》。然則，王應麟認爲宋代經學風氣之變始於劉、王。清人批評宋學："非獨科擧文字蹈空而已，說經之書，亦多空衍義理，橫發議論，與漢、唐注疏全異。"（〔清〕皮錫瑞著，周予同注釋：《經學歷史》，第274頁）惠棟甚至引用其父惠士奇的話說："宋人不好古而好臆說，故其解經皆燕相之說書也。"（〔清〕惠棟：《九曜齋筆記》卷二《本朝經學》，《聚學軒叢書》本）其實，宋學的這些弊端，宋代人自己就批評過。神宗熙寧二年（公元1069年）司馬光上《論風俗劄子》曰："竊見近歲公卿大夫好爲高奇之論，喜誦老、莊之言，流及科場，亦相習尚。新進後生，未知臧否，口傳耳剽，翕然成風。至有讀《易》未識卦、爻，已謂《十翼》非孔子之言；讀《禮》未知篇數，已謂《周官》爲戰國之書；讀《詩》未盡《周南》《召南》，已謂毛、鄭爲章句之學。讀《春秋》未知十二公，已謂三《傳》可束之高閣。循守注疏者，謂之腐儒；穿鑿臆說者，謂之精義。"（〔宋〕司馬光撰，李文澤、霞紹暉校點：《司馬光集》卷四五，成都：四川大學出版社，2010年，第973—974頁）可見，此種學風確爲當時的一種風氣。但清人的批評指向卻是宋代的理學，好像宋代的理學家們都是些憑空臆說之徒。這種批評成了理學躲不開的夢魘，也成了漢學、宋學天然的劃界標準。

遺憾的是，這其實是一種被誤導了的"常識"。

理學家並不拒斥訓詁之學，更不輕視漢魏古注。恰恰相反，理學家的義理之論正是建立在對古注的充分尊重與理解之上才得以成立,即使對古注持不同意見,也必以翔實的考據和慎密的論證爲依據。而這正是漢學之精髓所在。試以理學的經典《四書章句集注》爲例,其訓詁文字基本上採自漢唐古注。據中國臺灣學者陳逢源援引日本學者大槻信良的統計:"《論語集注》援取漢宋諸儒注解有九百四十九條,採用當朝儒者說法有六百八十條;《孟子集注》援取漢宋諸儒注解一千零六十九條,採用當朝儒者說法也有二百五十五條。"(陳逢源:《朱熹與四書章句集注》,臺北:里仁書局,2006年,第195—196頁)這一統計說明,朱子的注釋是"厚古"而"薄今"的。

朱子非常重視古注,推尊漢儒:"古注有不可易處。"(〔宋〕黎靖德輯,鄭明等校點:《朱子語類》卷六十四,《朱子全書》〔第十六冊〕,上海:上海古籍出版社,合肥:安徽教育出版社,2002年,第2130頁)"諸儒說多不明,却是古注是。"(〔宋〕黎靖德輯,鄭明等校點:《朱子語類》卷六十四,《朱子全書》〔第十六冊〕,第2116頁)"東漢諸儒煞好。……康成也可謂大儒。"(〔宋〕黎靖德輯,鄭明等校點:《朱子語類》卷八十七,《朱子全書》〔第十七冊〕,第2942頁)甚至對漢人解經之家法,朱子亦予以肯定:"其治經必專家法者,天下之理固不外於人之一心,然聖賢之言則有淵奧爾雅而不可以臆斷者,其制度、名物、行事本末又非今日之見聞所能及也,故治經者必因先儒已成之說而推之。借曰未必盡是,亦當究其所以得失之故,而後可以反求諸心而正其繆。此漢之諸儒所以專門名家,各守師說,而不敢輕有變焉者也……近年以來,習俗苟偷,學無宗主,治經者不復讀其經之本文與夫先儒之傳注,但取近時科舉中選之文諷誦摹仿,擇取經中可爲題目之句以意扭捏，妄作主張，明知不是經意，但取便於行文，不假恤也……主司不惟不知其繆，乃反以爲工而置之高等。習以成風，轉相祖述，慢侮聖言，日以益盛。名爲治經而實爲經學之賊，號爲作文而實爲文字之妖。不可坐視而不之正也。"（〔宋〕朱熹撰，徐德明、王鐵校點：《學校貢舉私議》，《晦庵先生朱文公文集》卷六十九，《朱子全書》[第二十三册]，第3360頁）這段文字明白無誤地指出，漢人家法之不可無，治經必不可丢棄先儒已成之説。

這段文字還對當時治經者拋棄先儒成説而肆意臆説的學風提出了嚴厲的批評。認爲這不是治經，而是經學之賊。他對他的學生説："傳注，惟古注不作文，却好看。只隨經句分説，不離經意最好。疏亦然。今人解書，且圖要作文，又加辨説，百般生疑。故其文雖可讀，而經意殊遠。"（〔宋〕黎靖德輯，鄭明等校點：《朱子語類》卷十一，《朱子全書》[第十四册]，第351頁）他認爲守注疏而後論道是正道："祖宗以來，學者但守注疏，其後便論道，如二蘇直是要論道，但注疏如何棄得？"（〔宋〕黎靖德輯，鄭明等校點：《朱子語類》卷一百二十九，《朱子全書》[第十八册]，第4028頁）他提倡訓詁、經義不相離："漢儒可謂善説經者，不過只説訓詁，使人以此訓詁玩索經文，訓詁、經文不相離異，只做一道看了，直是意味深長也。"（〔宋〕朱熹撰，徐德明、王鐵校點：《答張敬夫》，《晦庵先生朱文公文集》卷三十一，第1349頁）

錢穆先生論朱子之辨《禹貢》，論其考據功夫之深，而有一歎曰："清儒窮經稽古，以《禹貢》專門名家者頗不乏人。惜乎漢宋門户牢不可破，先橫一偏私之見，未能直承朱子，進而益求其真是之所在，而仍不脱於遷就穿鑿，所謂巧愈甚而謬愈彰，此則大可遺憾也。"（錢穆：《朱子新學案》［第五冊］，《錢賓四先生全集》，臺北：聯經出版事業公司，1998年，第341頁）

　　20世紀20年代，商務印書館曾經出過一套深受學界好評的叢書《四部叢刊》。《叢刊》以精選善本爲勝，贏得口碑。經部典籍則以漢魏之著，宋元之刊爲主，一時古籍之最，幾乎被一網打盡。但《四部叢刊》以表現古籍原貌爲宗旨，故呈現方式爲影印。它的好處是使藏之深閣的元明刻本走入了普通學者和讀者的家庭，故甫一問世，便廣受好評，直至今日它依然是研究中國學術文化的學者們不可或缺的基本圖書。但是，它的缺點是曲高和寡而價格不菲，不利於普及與流通。鑒於當下持續不斷的國學熱、傳統文化熱，人們研讀經典已從一般的閱讀向深層的需求發展，商務印書館決定啓動一項與時俱進的大工程：編輯一套經過整理的儒家經典古注本。選目以《四部叢刊》所收漢魏古注爲基礎，輔以其他宋元善本。爲了適應現代人的閱讀習慣，這套叢書改直排爲橫排，但爲了保持古籍的原貌而用繁體字，並嚴格遵循古籍整理的規範，有句讀（點），用專名綫（標）。參與整理的，都是國內各高校和研究機構學有專長的中青年學者。

　　另外，本次整理還首次使用了剛剛開發成功的 Source Han（開源思源宋體）。這種字體也許可以使讀者們有一種更舒適的閱讀體驗。

朱傑人
二〇一九年二月
於海上桑榆匪晚齋

目 錄

整理説明 / 1

整理凡例 / 7

孟子題辭 / 9

孟子卷第一 / 13
    梁惠王章句上 / 15

孟子卷第二 / 33
    梁惠王章句下 / 35

孟子卷第三 / 55
    公孫丑章句上 / 57

孟子卷第四 / 75
    公孫丑章句下 / 77

孟子卷第五 / 95
    滕文公章句上 / 97

孟子卷第六 / 115
    滕文公章句下 / 117

孟子卷第七 / 133
離婁章句上 / 135

孟子卷第八 / 155
離婁章句下 / 157

孟子卷第九 / 177
萬章章句上 / 179

孟子卷第十 / 195
萬章章句下 / 197

孟子卷第十一 / 213
告子章句上 / 215

孟子卷第十二 / 233
告子章句下 / 235

孟子卷第十三 / 253
盡心章句上 / 255

孟子卷第十四 / 279
盡心章句下 / 281

孟子篇敘 / 305

整理説明

"孔孟""論孟"後世並舉者極夥,但孔孟二人的生平詳略差距懸殊。以《史記》爲例,《孔子世家》論孔子生平事跡甚詳,而於《孟子荀卿列傳》僅用了不到二百字,云:

> 孟軻,騶人也。受業子思之門人。道既通,游事齊宣王,宣王不能用。適梁,梁惠王不果所言,則見以爲迂遠而闊於事情。當是之時,秦用商君,富國彊兵;楚魏用吴起,戰勝弱敵;齊威王、宣王用孫子、田忌之徒,而諸侯東面朝齊。天下方務於合從連衡,以攻伐爲賢,而孟軻乃述唐、虞、三代之德,是以所如者不合。退而與萬章之徒序《詩》《書》,述仲尼之意,作《孟子》七篇。

我們究知孟子生平,主要是以《孟子》其書、《孟子荀卿列傳》以及趙岐《孟子題辭》三者爲依據。

孟子名軻,見於孟子自述("軻也嘗聞其略也",見《萬章下》;"軻也請無問其詳",見《告子下》)。至於字,趙岐直言"字則未聞也"。魏晉時才有子車(《孔叢子·雜訓》,宋咸注"一作子居")、子輿(《北堂書鈔》引《孟軻傳》)之説,未知何據。籍貫騶,《孟子題辭》作"鄒",即今山東省鄒縣。

《史記》云其"受業子思之門人",司馬貞《索隱》引王勁説：“以‘人’爲衍字，則以軻親受業孔伋之門也”，“今言‘門人’者，乃受業於子思之弟子也”。按：據錢穆《先秦諸子繫年考證》，子思約亡於周威烈王末年（公元前 402 年），孟子生年當於周安王十三年至二十年之間（公元前 390 至前 382 年），二人不得相及。據《荀子·非十二子》：“略法先王而不知其統，猶然而材劇志大，聞見雜博。案往舊造説，謂之五行，甚僻違而無類，幽隱而無説，閉約而無解。案飾其辭而祗敬之曰：此真先君子之言也。子思唱之，孟軻和之，世俗之溝猶瞀儒，嚾嚾然不知其所非也，遂受而傳之，以爲仲尼、子游爲茲厚於後世，是則子思、孟軻之罪也。”已將子思與孟子並舉，可見二者淵源之密切，“受業子思之門人”的説法當爲可信。

至於《孟子》的作者，據趙岐《題辭》“退而論集所與高第弟子公孫丑、萬章之徒難疑答問，又自撰其法度之言，著書七篇，二百六十一章，三萬四千六百八十五字”，可見部分内容由孟子親自審定過。不過梁襄王、齊宣王均後亡於孟子，書中稱謚，當是門人弟子於孟子亡後編定成書。

孟子遊説於齊、魏、宋、滕、魯諸國，其説皆不見用。其書長久未受重視，直到唐朝中後期，乃至北宋才得以從子部“升格”（周予同《群經概論》）到經部。唐末《開成石經》仍未將《孟子》列爲經典。從歷代書目來看，《漢書·藝文志》列《孟子》於諸子，《隋書·經籍志》《舊唐書·經籍志》《崇文總目》《郡齋讀書志》等均列《孟子》於子部，直至《直齋書錄解題》才將其正式列入經部。

趙岐《孟子題辭》稱：“孝文皇帝欲廣遊學之路，《論語》《孝經》《孟子》《爾雅》皆置博士。後罷傳記博士，獨立五經而已。"依劉歆《移太常博士書》"天下衆書往往頗出，皆諸子傳說，猶廣立於學官，爲置博士"之説，《孟子》理當被視爲諸子。據《史記》《漢書》所載，西漢並無傳記博士一説，應當是趙岐及東漢時人普遍將《孟子》視爲解經的傳、記（《論衡·書解》："聖人作其經，賢者造其傳，述作者之意，採聖人之志，故經須傳也。"），故而自擬了"傳記博士"之名（楊海文《孟子傳記博士問題的學術史考察》）。

《史記·封禪書》稱："（文帝）使博士諸生刺六經中作《王制》，謀議巡狩封禪事。"刺，採取也。焦循謂："《禮記正義》引盧植云：'漢文皇帝令博士諸生，作此《王制》之書。'今《王制》篇中，制禄爵關市等文，多取諸《孟子》，則孝文時立《孟子》博士審矣。"有學者校比《孟子》與《王制》之文，《王制》所述禮制採據《孟子》者多至三十四條（金德建《孟子王制所述制度相通之證》）。可見西漢《孟子》雖未列入經典，但其作爲經典傳、記，實有一定的影響（李峻岫《漢唐孟子學述論》考察漢代陸賈、賈誼、韓嬰、董仲舒、《淮南子》諸家或多或少均受到了孟子學説的影響）。

東漢之前，《孟子》未有注本。現今可知的東漢注《孟》者有程曾（《後漢書·儒林傳下》）、鄭玄（《隋書·經籍志》《舊唐書·藝文志》）、趙岐、高誘（《呂氏春秋序》）和劉熙（《隋書·經籍志》《舊唐書·藝文志》）五家，除趙岐《孟子章句》外，其餘四家均已亡佚（一説劉向和揚雄均著有《孟子注》，但未有傳本，學者傾向於只是劉向在《説苑》中引用了一些《孟子》，而揚雄《孟子注》爲後人僞作）。從《孟子》注本的出現推知，東漢時《孟子》的學術地位當有所提升。《孟子》地位的提升，大約與東漢重視諸子的學術風向的轉變相關，王充就說:"諸子尺書,文篇具在,可觀讀以正說,可采掇以示後人。"(《論衡·書解》)"訖今諸經通義,得引《孟子》以明事,謂之博文。"(《孟子題辭》)漢章帝甚至下詔"賜黃香《淮南》《孟子》各一通"(《東觀漢記》)。

趙岐《孟子章句》是現存最早的《孟子》注本。《後漢書》本傳稱:

> 趙岐,字邠卿,京兆長陵人也。初名嘉,生於御史臺,因字臺卿,後避難,故自改名字,示不忘本土也。岐少明經,有才藝。娶扶風馬融兄女。

據此可知趙氏生於官宦大族,夫人又爲東漢大儒馬融的從女,對於經術有較深的研究。至於著述,趙氏自言"惟六籍之學,先覺之士釋而辯之者既已詳矣。儒家惟有《孟子》閎遠微妙,縕奧難見,宜在條理之科。於是乃述己所聞,證以經傳,爲之章句"(《孟子題辭》)。結合本傳,趙岐官拜司空掾、并州刺史,後於桓靈二世遭宦官、黨錮之禍十餘年,曾"自匿姓名,賣餅北海市中""藏複壁中數年",至獻帝時方才"復拜議郎,稍遷太僕"。趙氏久經顛沛,更能理解他推崇孟子"包羅天地,揆敘萬類,仁義道德,性命禍福,粲然靡所不載。帝王、公侯遵之,則可以致隆平、頌清廟;卿、大夫、士蹈之,則可以尊君父、立忠信;守志厲操者儀之,則可以崇高節、抗浮雲。有風人之託物,二《雅》之正言,可謂直而不倨,曲而不屈,命世亞聖之大才者也"(《孟子題辭》)的旨趣。

趙岐之名本無疑義,後因尤袤本《文選》諸葛亮《出師表》"遂許先帝以驅馳"李善注引"趙歧《孟子章指》曰",有學者始質疑趙岐、趙歧孰是。據《後漢書·趙岐傳》:"趙岐,字邠卿,京兆長陵人也。初名嘉,生於御史臺,因字臺卿,後避難,故自改名字,示不忘本土也。"岐即岐山,在今陝西省岐山縣。邠亦作"豳",包括今陝西省旬邑及彬縣一帶。岐與邠爲周人故地,趙嘉爲表明不忘故土,故改名爲岐,字邠卿,應該是明確的。

趙氏《孟子章句》在體例上最大的特點就是"具載本文,張別其指"。"具載本文"即是將經傳連文。《毛詩正義》孔穎達疏稱:"漢初爲傳訓者皆與經別行。三《傳》之文不與經連,故石經書《公羊傳》皆無經文。《藝文志》云:《毛詩》經二十九卷,《毛詩故訓傳》三十卷。是《毛》爲詁訓,亦與經別也。及馬融爲《周礼》之注,乃云:'欲省學者兩讀,故具載本文。'然則後漢以來,始就經爲注。""張別其指",即於每章末撰一章指,總括一章大義(李峻岫《漢唐孟子學述論》)。阮元就盛讚《孟子章句》:"七篇之微言大義,藉是可推,且章別爲指,令學者可分章尋求,於漢傳注別開一例,功亦勤矣。"(《孟子注疏校勘記序》)

趙氏注疏又與漢儒注經"多明訓詁名物"不同,偏於"箋釋文句",李慈銘就説"趙邠卿之注《孟子》,在漢世經學家,爲最少家法,後世注經文從字順之派,實自邠卿開之。每章後綴以四字語曰章指,亦多空言。惟東漢去古尚近,故多存訓詁古義,又不務爲聖道空闊之言。其序文及章指,皆簡雅可誦"(《越縵堂讀書記》)。《四庫提要》解釋爲"《論語》《孟子》詞旨顯明,惟闡其義理而止,所謂言各有當也"。這個說法頗有道理。宋人黃潛善也説:"《論》《孟》乃幼年所習，論之了無凝滯。"(《建炎以來繫年要錄·建炎二年》)相較於三《禮》、三《傳》，《孟子》在文字上的障礙要小得多。

本次點校，以《四部叢刊》影印宋刊本趙岐《孟子章句》爲底本，參校《天禄琳琅叢書》影印《元盱郡覆宋本孟子趙注》、阮元校刻的清嘉慶二十年南昌府學本《十三經注疏》本《孟子注疏》。《孟子》歷來的版本系統脈絡比較清晰，大致可分爲單經本、經注本和注疏本三類，而文本異文於《十三經》中也屬較少。涉及文義層次劃分，孫奭《疏》及其他注本與《章句》相左者，以《章句》爲主。

陸　傑
二〇二一年六月

整理凡例

一、本書整理以《四部叢刊》影印宋刊本趙岐《孟子章句》爲底本（後簡稱"底本"），以《天祿琳琅叢書》影印《元盱郡覆宋本孟子趙注》（後簡稱"天祿琳琅本"）、阮元校刻的清嘉慶二十年南昌府學本《十三經注疏》本《孟子注疏》（後簡稱"阮刻本"）爲參校本。

一、本書底本爲經注相間，根據本叢書體例，整理時重新編排：先列一節《孟子》經文，再將趙岐注依序附於本節經文之後。

一、本書分卷分節一依底本。

一、本書標點時，適當參考了沈文倬《孟子正義》、北京大學出版社出版繁體標點本《孟子注疏》。

一、本書標點以趙岐注爲依據，文義與《注疏》《正義》相違處不做改動。

一、爲盡可能地保留原本面貌，整理本保留底本中的異體字。但底本中明顯的訛字或版刻誤字（如日曰、己巳等）一律徑改，俗字（如舩船）一般改爲正字，不出校。

孟子題辭

趙　氏

《孟子題辭》者，所以題號《孟子》之書本末指義文辭之表也。孟，姓也。子者，男子之通稱也。此書孟子之所作也，故摠謂之《孟子》。其篇目則各自有名。孟子，鄒人也，名軻，字則未聞也。鄒本春秋邾子之國，至孟子時改曰鄒矣。國近魯，後爲魯所并。又言邾爲楚所并，非魯也，今鄒縣是也。或曰：孟子，魯公族孟孫之後，故孟子仕於齊，喪母而歸葬於魯也。三桓子孫既以衰微，分適他國。孟子生有淑質，夙喪其父，幼被慈母三遷之教，長師孔子之孫子思，治儒術之道，通五經，尤長於《詩》《書》，周衰之末，戰國縱橫，用兵爭彊以相侵奪。當世取士，務先權謀，以爲上賢。先王大道陵遲墮廢，異端竝起，若楊朱、墨翟放蕩之言，以干時惑衆者非一。孟子閔悼堯、舜、湯、文、周、孔之業將遂湮微，正塗壅底，仁義荒怠，佞僞馳騁，紅紫亂朱。於是則慕仲尼周流憂世，遂以儒道遊於諸侯，思濟斯民。然由不肯枉尺直尋，時君咸謂之迂闊於事，終莫能聽納其說。孟子亦自知遭蒼姬之訖錄，值炎劉之未奮，進不得佐興唐、虞雍熙之和，退不能信三代之餘風，恥没世而無聞焉，是故垂憲言以詒後人。仲尼有云："我欲託之空言，不如載之行事之深切著明也。"於是退而論集所與高第弟子公孫丑、萬章之徒難疑答問，又自撰其法度之言，著書七篇，二百六十一章，三萬四千六百八十五字。包羅天地，揆敘萬類，仁義道德，性命禍福，粲然靡所不載。帝王公侯遵之，則可以致隆平、頌清廟；卿、大夫、士蹈之，則可以尊君父、立忠信；守志厲操者儀之，則可以崇高節、抗浮雲。有風人之託物，二《雅》之正言，可謂直而不倨，曲而不屈，命世亞聖之大才者也。孔子自衛反魯，然後樂正，《雅》《頌》各得其所，乃刪《詩》定《書》，繫《周易》，作《春秋》。孟子退自齊梁，述堯舜之道而著作焉，此大賢擬聖而作者也。七十子之疇，會集夫子所言，以為《論語》。《論語》者，五經之錧鎋，六藝之喉衿也。《孟子》之書則而象之。衛靈公問陳於孔子，孔子答以俎豆。梁惠王問利國，孟子對以仁義。宋桓魋欲害孔子，孔子稱："天生德於予。"魯臧倉毀鬲孟子，孟子曰："臧氏之子焉能使予不遇哉？"旨意合同，若此者眾。又有外書四篇：《性善》《辯文》《說孝經》《為正》。其文不能弘深，不與內篇相似，似非孟子本真，後世依放而託之者也。孟子既沒之後，大道遂絀，逮至亡秦，焚滅經術，坑戮儒生，孟子徒黨盡矣。其書號為諸子，故篇籍得不泯絕。漢興，除秦虐禁，開延道德。孝文皇帝欲廣遊學之路，《論語》《孝經》《孟子》《爾雅》皆置博士。後罷傳記博士，獨立五經而已。訖今諸經通義，得引《孟子》以明事，謂之博文。孟子長於譬喻，辭不迫切而意已獨至。其言曰："說《詩》者不以文害辭，不以辭害志，以意逆志，為得之矣。"斯言殆欲使後人深求其意，以解其文，不但施於說《詩》也。今諸解者，往往摭取而說之，其說又多乖異不同。孟子以來五百餘載，傳之者亦已衆多。余生西京，世尋丕祚，有自來矣。少蒙義方，訓涉典文。知命之際，嬰戚于天，邁屯離蹇，詭姓遁身，經營八紘之內，十有餘年，心勤形瘵，何勤如焉！嘗息肩弛擔於濟岱之間，或有溫故知新，雅德君子，矜我劬瘁，睹我皓首，訪論稽古，慰以大道。余困吝之中，精神遐漂，靡所濟集，聊欲係志於翰墨，得以亂思遺老也。惟六籍之學，先覺之士釋而辯之者既已詳矣。儒家惟有《孟子》閎遠微妙，縕奧難見，宜在條理之科。於是乃述己所聞，證以經傳，爲之章句，具載本文，章別其指，分爲上下，凡十四卷。究而言之，不敢以當達者。施於新學，可以寤疑辯惑。愚亦未能審於是非，後之明者，見其違闕，儻改而正諸，不亦宜乎？

孟子卷第一

梁惠王章句上^[一]

（一·一）

  <u>孟子</u>見<u>梁惠王</u>。^[二]

  王曰："叟不遠千里而來，亦將有以利吾國乎？"^[三]

  <u>孟子</u>對曰："王何必曰利，亦有仁義而已矣。^[四]王曰：'何以利吾國？'大夫曰：'何以利吾家？'士、庶人曰：'何以利吾身？'上下交征利，而國危矣。^[五]萬乘之國，弑其君者，必千乘之家。^[六]千乘之國，弑其君者，必百乘之家。^[七]萬取千焉，千取百焉，不爲不多矣。^[八]苟爲後義而先利，不奪不饜。^[九]未有仁而遺其親者也，未有義而後其君者也。^[一〇]王亦曰仁義而已矣，何必曰利！"^[一一]

[一] <u>梁惠王</u>者，<u>魏惠王</u>也。<u>魏</u>，國名。<u>惠</u>，謚也。王，號也。時天下有七王，皆僭號者也。猶<u>春秋</u>之時，<u>吳楚</u>之君稱王也。<u>魏惠王</u>居於<u>大梁</u>，故號曰<u>梁王</u>。聖人及大賢有道德者，王公侯伯及卿大夫咸願以爲師。<u>孔子</u>時，諸侯問疑質禮，若弟子之問師也。<u>魯衛</u>之君皆尊事焉，故《<u>論語</u>》或以弟子名篇，而有《<u>衛靈公</u>》《<u>季氏</u>》之篇。<u>孟子</u>亦以大儒爲諸侯師，是以《<u>梁惠王</u>》《<u>滕文公</u>》題篇與《<u>公孫丑</u>》等而爲一例也。

[二] <u>孟子</u>適<u>梁</u>，<u>魏惠王</u>禮請<u>孟子</u>見之。

[三] 曰，辭也。叟，長老之稱也，猶父也。<u>孟子</u>去<u>齊</u>，老而之<u>魏</u>，故王尊禮之曰父。不遠千里之路而來至此，亦將有可以爲寡人興利除害也^{〔一〕}？

〔一〕 亦將有……除害也 "也"，《天祿琳琅》本作"乎"，<u>阮刻</u>本作"者乎"。

[四] 孟子知王欲以富國彊兵爲利，故曰：王何必以利爲名乎，亦惟有仁義之道者可以爲名。以利爲名，則有不利之患矣。因爲王陳之。

[五] 征，取也。從王至庶人，故言上下交爭。各欲利其身，必至於篡弒，則國危亡矣。《論語》曰："放於利而行，多怨。"故不欲使王以利爲名也。又言交爲俱也。

[六] 萬乘，兵車萬乘，謂天子也。千乘，兵車千乘，謂諸侯也。夷羿之弒夏后，是以千乘取其萬乘也。

[七] 天子建國，諸侯立家。百乘之家，謂大國之卿食采邑有兵車百乘之賦者也〔一〕，若齊崔、衛甯、晉六卿等，是以其終亦皆弒其君，此以百乘取千乘也。上千乘當言國，而言家者，諸侯以國爲家，亦以避萬乘稱國，故稱家。君臣上下之辭。

[八] 周制：君十卿祿。君食万鍾，臣食千鍾，亦多矣，不爲不多矣。

[九] 苟，誠也。誠令大臣皆後仁義而先自利，則不篡奪君位，不足自饜飽其欲。

[一○] 仁者親親，義者尊尊。人無行仁而遺棄其親也，行義而忽後其君者。

[一一] 孟子復申此者，重嗟歎其禍。《章指》言：治國之道明，當以仁義爲名，然後上下和親，君臣集穆。天經地義，不易之道，故以建篇立始也。

(一·二)

孟子見梁惠王。
王立於沼上，顧鴻鴈麋鹿曰："賢者亦樂此乎？"〔一〕

〔一〕 謂大國之卿食采邑……賦者也 "采"，底本原作"菜"，據阮刻本改。

孟子對曰："賢者而後樂此，不賢者雖有此，不樂也。[二]《詩》云：'經始靈臺，經之營之，庶民攻之，不日成之。[三]經始勿亟，庶民子來。[四]王在靈囿，麀鹿攸伏，麀鹿濯濯，白鳥鶴鶴。[五]王在靈沼，於牣魚躍。'[六]文王以民力爲臺爲沼，而民歡樂之，謂其臺曰靈臺，謂其沼曰靈沼，樂其有麋鹿魚鼈。[七]古之人與民偕樂，故能樂也。[八]《湯誓》曰：'時日害喪？予及女皆亡。'[九]民欲與之皆亡，雖有臺池鳥獸，豈能獨樂哉？"[一○]

[一] 沼，池也。王好廣苑囿，大池沼，與孟子遊觀，顧視禽獸之衆多，心以爲娛樂，夸咤孟子曰："賢者亦樂此乎？"

[二] 惟有賢者然後乃得樂此耳。謂脩堯舜之道，國家安寧，故得有此以爲樂也。不賢之人，亡國破家，雖有此，當爲人所奪，故不得以爲樂也。

[三]《詩》，《大雅·靈臺》之篇也。言文王始經營規度此臺，衆民竝來治作之，不與期日，自來成之也。

[四] 言文王不督促使之。亟，疾也。衆民自來趣之，若子來爲父使也。

[五] 麀鹿，牸鹿也〔一〕。言文王在此囿中，麀鹿懷任，安其所而伏不驚動也。獸肥飽則濯濯，鳥肥飽則鶴鶴而澤好。

[六] 文王在池沼，魚乃跳躍喜樂，言其德及鳥獸魚鼈也。

[七] 孟子爲王誦此詩，因曰文王雖以民力築臺鑿池，民由歡樂之，謂其臺沼若神靈之所爲，欲使其多禽獸以養文王者也。

[八] 偕，俱也。言古賢之君與民共同其所樂，故能樂之。

〔一〕 牸鹿也 "牸"，《天祿琳琅》本作"牸"，阮刻本作"牝"。

[九]《湯誓》,《尚書》篇名也。時,是也。時乙卯日也。害,大也。言桀爲無道,百姓皆欲與湯共伐之。湯臨士衆而誓之,言是日桀當大喪亡,我與汝俱往亡之〔一〕。

[一〇]孟子説《詩》《書》之義以感喻王。言民皆欲與湯共亡桀,雖有臺池禽獸,何能復獨樂之哉?復申明上言不賢者雖有此不樂也。《章指》言:聖王之德,與民共樂,恩及鳥獸,則忻戴其上,太平化興;無道之君,衆怨神怒,則國滅祀絶,不得保守其所樂也。

(一·三)

梁惠王曰:"寡人之於國也,盡心焉耳矣。[一]河内凶則移其民於河東,移其粟於河内。河東凶亦然。[二]察鄰國之政,無如寡人之用心者。[三]鄰國之民不加少,寡人之民不加多,何也?"[四]

孟子對曰:"王好戰,請以戰喻。[五]填然鼓之,兵刃既接,棄甲曳兵而走,或百步而後止,或五十步而後止。以五十步笑百步,則何如?"[六]

曰:"不可。直不百步耳,是亦走也。"[七]

曰:"王如知此,則無望民之多於鄰國也。[八]不違農時,穀不可勝食也。[九]數罟不入洿池,魚鼈不可勝食也。[一〇]斧斤以時入山林,材木不可勝用也。[一一]穀與魚鼈不可勝食,材木不可勝用,是使民養生喪死無憾也。[一二]養生喪死無憾,王道之始也。[一三]五畝之宅,樹之以桑,五十者可以衣帛矣。[一四]雞豚狗彘之畜,無失其時,七十

〔一〕我與汝俱往亡之 "汝",《天禄琳琅》本、阮刻本作"女"。

者可以食肉矣。[一五]百畝之田，勿奪其時，數口之家可以無飢矣。[一六]謹庠序之教，申之以孝悌之義，頒白者不負戴於道路矣。[一七]七十者衣帛食肉，黎民不飢不寒，然而不王者，未之有也。[一八]狗彘食人食而不知檢，塗有餓莩而不知發。[一九]人死，則曰：'非我也，歲也。'是何異於刺人而殺之，曰：'非我也，兵也。'[二〇]王無罪歲，斯天下之民至焉。"[二一]

[一] 王侯自稱孤寡。言寡人於治國之政，盡心欲利百姓。焉耳者，懇至之辭。

[二] 言凶年以此救民也。魏舊在河東，後爲強國，兼得河內也。

[三] 言鄰國之君用心憂民無如己也。

[四] 王自怪爲政有此惠而民人不增多於鄰國者，何也？

[五] 因王好戰，故以戰事喻解王意。

[六] 填，鼓音也。兵以鼓進，以金退。孟子問王曰：今有戰者，兵刃已交，其負者棄甲曳兵而走，五十步而止，足以笑百步止者不？

[七] 王曰：不足以相笑也。是人俱走，直事不百步耳。

[八] 孟子曰：王如知此不足以相笑，王之政猶此也。王雖有移民轉穀之善政，其好戰殘民，與鄰國同，而獨望民之多，何異於以五十步笑百步者乎？

[九] 從此已下，爲王陳王道也。使民得三時務農，不違奪其要時，則五穀饒穰，不可勝食。

[一〇] 數罟，密網也。密細之網所以捕小魚鱉者也，故禁之不得用。魚不滿尺不得食。

[一一] 時謂草木零落之時。使林木茂暢，故有餘。

[一二] 憾，恨也。民所用者足，故無恨。

[一三] 王道先得民心，民心無恨，故言王道之始。

[一四] 廬井邑居各二畝半以爲宅，冬入保城二畝半，故爲五畝也。樹桑牆下，古者年五十，乃衣帛矣。

[一五] 言孕字不失時也。七十不食肉不飽。

[一六] 一夫一婦，耕耦百畝。百畝之田，不可以徭役奪其時功，則家給人足。農夫上中下所食多少各有差，故總言數口之家也。

[一七] 庠序者，教化之宮也。殷曰序，周曰庠。謹脩教化，申重孝悌之義。頒者，斑也〔一〕。頭半白斑斑者也。壯者代老，心各安之，故斑白者不負戴也。

[一八] 言百姓老稚溫飽，禮義脩行，積之可以致王也。孟子欲以風王何不行此，可以王天下，有率土之民，何但望民多於鄰國？

[一九] 言人君但養犬彘，使食人食，不知以法度檢斂也。塗，道也。餓死者曰莩。《詩》曰："莩有梅。"莩，零落也。道路之旁有餓死者，不知發倉廩以用振救之也。

[二〇] 人死，謂餓疫死者也。王政使然，而曰非我殺之，歲殺之也，此何以異於用兵殺人，而曰非我也，兵自殺之也。

[二一] 戒王無歸罪於歲，責己而改行，則天下之民皆可致也。《章指》言：王化之本，在於使民。養生喪死之用備足，然後導之以禮義，責己矜窮，則斯民集矣。

〔一〕 斑也 "斑"，《天祿琳琅》本同，阮刻本作"班"。

（一·四）

  梁惠王曰："寡人願安承教。"[一]

  孟子對曰："殺人以梃與刃，有以異乎？"[二]

  曰："無以異也。"[三]

  "以刃與政，有以異乎？"[四]

  曰："無以異也。"[五]

  曰："庖有肥肉，廄有肥馬，民有飢色，野有餓莩，此率獸而食人也。[六]獸相食，且人惡之；爲民父母，行政不免於率獸而食人，惡在其爲民父母也？[七]仲尼曰：'始作俑者，其無後乎！'爲其象人而用之也。如之何其使斯民飢而死也。"[八]

[一] 願安意承受孟子之教令。

[二] 梃，杖也。

[三] 王曰：杖、刃殺人，無以異也。

[四] 孟子欲以政喻王〔一〕。

[五] 王復曰：政殺人無以異也。

[六] 孟子言人君如此，爲率禽獸以食人也。

[七] 虎狼食禽獸，人猶尚惡視之。牧民爲政，乃率禽獸食人，安在其爲民父母之道也。

[八] 俑，偶人也，用之送死。仲尼重人類，謂秦穆公時以三良殉葬，本由有作俑者也。夫惡其始造，故曰：此人其無後

〔一〕 孟子欲以政喻王 "政"，底本作 "次"，據《天祿琳琅》本及阮刻本改。

嗣乎？如之何其使此民飢而死邪？孟子陳此以教王愛民〔一〕。《章指》言：王者爲政之道，生民爲首。以政殺人，人君之咎猶以白刃疾之甚也。

(一·五)

梁惠王曰："晉國，天下莫強焉，叟之所知也。[一]及寡人之身，東敗於齊，長子死焉，西喪地於秦七百里，南辱於楚。寡人恥之，願比死者壹洒之，如之何則可？"[二]

孟子對曰："地方百里而可以王。[三]王如施仁政於民，省刑罰，薄稅斂，深耕易耨，壯者以暇日脩其孝悌忠信，入以事其父兄，出以事其長上，可使制梃以撻秦楚之堅甲利兵矣。[四]彼奪其民時，使不得耕耨以養其父母。父母凍餓，兄弟妻子離散。彼陷溺其民，王往而征之，夫誰與王敵？[五]故曰：仁者無敵，王請勿疑。"[六]

[一] 韓、魏、趙本晉六卿，當此時號三晉，故惠王言晉國天下之強也。

[二] 王念有此三恥，求策謀於孟子。

[三] 言古聖人以百里之地以致王天下，謂文王也。

[四] 易耨，芸苗令簡易也。制，作也。王如行此政，可使國人作杖以撻敵國堅甲利兵，何患恥之不雪也。

[五] 彼，謂齊、秦、楚也。彼困其民，願王往征之也。彼失民心，民不爲用，夫誰與共禦王之師，爲王敵乎？

[六] 鄰國暴虐，己脩仁政，則無敵矣。王請行之，勿有疑也。《章

〔一〕 孟子陳此以教王愛民　"愛民"，《天祿琳琅》本同，阮刻本作"愛其民也"。

指》言：以百里行仁，天下歸之。以政傷民，民樂其亡。以梃服強，仁與不仁也。

(一·六)

孟子見梁襄王。出，語人曰："望之不似人君，[一] 就之而不見所畏焉。[二] 卒然問曰：'天下惡乎定？'[三] 吾對曰：'定于一。'[四] '孰能一之？'[五] 對曰：'不嗜殺人者能一之。'[六] '孰能與之？'[七] 對曰：'天下莫不與也。[八] 王知夫苗乎？七八月之間旱，則苗槁矣。天油然作雲，沛然下雨，則苗浡然興之矣。其如是，孰能禦之？[九] 今夫天下之人牧，未有不嗜殺人者也。如有不嗜殺人者，則天下之民皆引領而望之矣。誠如是也，民歸之，由水之就下，沛然誰能禦之？'"[一〇]

[一] 襄，謚也。魏之嗣王也。望之無儼然之威儀也。

[二] 就與之言，無人君操秉之威，知其不足畏。

[三] 卒暴問事，不由其次也。問天下安所定，言誰能定之。

[四] 孟子謂仁政爲一也。

[五] 言孰能一之者。

[六] 嗜猶甘也。言今諸侯有不甘樂殺人者則能一之。

[七] 王言誰能與不嗜殺人者乎。

[八] 孟子曰：時人皆苦虐政，如有行仁，天下莫不與之。

[九] 以苗生喻人象也。周七八月，夏之五六月。油然，興雲之貌。沛然下雨，以潤槁苗，則浡然已盛，孰能止之？

[一〇] 今天下牧民之君，誠能行此仁政，民皆延頸望，欲歸之，如水就下，沛然而來，誰能止之。《章指》言：定天下者一

道而已〔一〕: 不貪殺人, 人則歸之, 是故文王視民如傷, 此之謂也。

(一·七)

齊宣王問曰:"齊桓、晉文之事, 可得聞乎?"〔一〕

孟子對曰:"仲尼之徒, 無道桓文之事者, 是以後世無傳焉, 臣未之聞也。〔二〕無以, 則王乎?"〔三〕

曰:"德何如, 則可以王矣?"〔四〕

曰:"保民而王, 莫之能禦也。"〔五〕

曰:"若寡人者, 可以保民乎哉?"〔六〕

曰:"可。"〔七〕

曰:"何由知吾可也?"〔八〕

曰:"臣聞之胡齕曰: 王坐於堂上, 有牽牛而過堂下者, 王見之曰:'牛何之?'對曰:'將以釁鐘。'王曰:'舍之, 吾不忍其觳觫, 若無罪而就死地。'對曰:'然則廢釁鐘與?'曰:'何可廢也, 以羊易之。'不識有諸?"〔九〕

曰:"有之。"〔一〇〕

曰:"是心足以王矣。百姓皆以王爲愛也, 臣固知王之不忍也。"〔一一〕

王曰:"然。誠有百姓者, 齊國雖褊小, 吾何愛一牛? 即不忍其觳觫, 若無罪而就死地, 故以羊易之也。"〔一二〕

曰:"王無異於百姓之以王爲愛也, 以小易大, 彼惡知之? 王若隱其無罪而就死地, 則牛、羊何擇焉?"〔一三〕

王笑曰:"是誠何心哉! 我非愛其財而易之以羊也, 宜

〔一〕 定天下者一道而已　此八字《天祿琳琅》本同, 阮刻本"而已"前有"仁政"二字。

乎百姓之謂我愛也。"〔一四〕

曰："無傷也，是乃仁術也，見牛未見羊也。君子之於禽獸也，見其生不忍見其死，聞其聲不忍食其肉，是以君子遠庖廚也。"〔一五〕

王説，曰："《詩》云'他人有心，予忖度之'，夫子之謂也。夫我乃行之，反而求之，不得吾心。夫子言之，於我心有戚戚焉。此心之所以合於王者，何也？"〔一六〕

曰："有復於王者，曰'吾力足以舉百鈞'，而不足以舉一羽；'明足以察秋豪之末'，而不見輿薪。則王許之乎？"〔一七〕

曰："否。"〔一八〕

"今恩足以及禽獸，而功不至於百姓者，獨何與？然則一羽之不舉，爲不用力焉；輿薪之不見，爲不用明焉；百姓之不見保，爲不用恩焉。故王之不王，不爲也，非不能也。"〔一九〕

曰："不爲者與不能者之形何以異？"〔二〇〕

曰："挾大山以超北海，語人曰'我不能'，是誠不能也。爲長者折枝，語人曰'我不能'，是不爲也，非不能也。故王之不王，非挾大山以超北海之類也；王之不王，是折枝之類也。〔二一〕老吾老，以及人之老；幼吾幼，以及人之幼：天下可運於掌。〔二二〕《詩》云：'刑于寡妻，至于兄弟，以御于家邦。'言舉斯心加諸彼而已。〔二三〕故推恩足以保四海，不推恩無以保妻子。古之人所以大過人者，無他焉，善推其所爲而已矣。〔二四〕今恩足以及禽獸，而功不至於百姓者，獨何與？〔二五〕權，然後知輕重；度，然後知長短。物皆然，心爲甚，王請度之。〔二六〕抑王興甲兵，危士臣，搆怨於諸侯，然後快於心

與？"〔二七〕

王曰："否。吾何快於是？將以求吾所大欲也。"〔二八〕

曰："王之所大欲，可得聞與？"〔二九〕

王笑而不言。〔三〇〕

曰："爲肥甘不足於口與？輕煖不足於體與？抑爲采色不足視於目與？聲音不足聽於耳與？便嬖不足使令於前與？王之諸臣，皆足以供之，而王豈爲是哉！"〔三一〕

曰："否，吾不爲是也。"〔三二〕

曰："然則王之所大欲可知已。欲辟土地，朝秦楚，莅中國而撫四夷也。〔三三〕以若所爲，求若所欲，猶緣木而求魚也。"〔三四〕

王曰："若是其甚與？"〔三五〕

曰："殆有甚焉。緣木求魚，雖不得魚，無後災。以若所爲，求若所欲，盡心力而爲之，後必有災。"〔三六〕

曰："可得聞與？"〔三七〕

曰："鄒人與楚人戰，則王以爲孰勝？"〔三八〕

曰："楚人勝。"〔三九〕

曰："然則小固不可以敵大，寡固不可以敵衆，弱固不可以敵彊。海内之地方千里者九，齊集有其一。以一服八，何以異於鄒敵楚哉？〔四〇〕蓋亦反其本矣。〔四一〕今王發政施仁，使天下仕者皆欲立於王之朝，耕者皆欲耕於王之野，商賈皆欲藏於王之市，行旅皆欲出於王之塗，天下之欲疾其君者皆欲赴愬於王。其若是，孰能禦之？"〔四二〕

王曰："吾惛，不能進於是矣。願夫子輔吾志，明以教我。我雖不敏，請嘗試之。"〔四三〕

曰："無恒産而有恒心者，惟士爲能。若民則無恒産，因無恒心。^[四四]苟無恒心，放辟邪侈，無不爲已。及陷於罪，然後從而刑之，是罔民也。^[四五]焉有仁人在位，罔民而可爲也？^[四六]是故明君制民之產，必使仰足以事父母，俯足以畜妻子，樂歲終身飽，凶年免於死亡。然後驅而之善，故民之從之也輕。^[四七]今也制民之產，仰不足以事父母，俯不足以畜妻子，樂歲終身苦，凶年不免於死亡，此惟救死而恐不贍，奚暇治禮義哉！^[四八]王欲行之，則盍反其本矣！五畝之宅，樹之以桑，五十者可以衣帛矣。雞豚狗彘之畜，無失其時，七十者可以食肉矣。百畝之田，勿奪其時，八口之家可以無飢矣。謹庠序之教，申之以孝悌之義，頒白者不負戴於道路矣。老者衣帛食肉，黎民不飢不寒，然而不王者，未之有也。"^[四九]

[一] 宣，謚也。宣王問孟子，欲庶幾齊桓公小白、晉文公重耳。孟子冀得行道，故仕於齊，不用而去，乃適於梁。建篇先梁者，欲以仁義首篇，因言魏事，章次相從，然後道齊也。

[二] 孔子之門徒，頌述宓戲以來至文、武、周公之法制耳，雖及五霸，心賤薄之，是以儒家後世無欲傳道之者。故曰臣未之聞也。

[三] 既不論三皇、五帝，殊無所問，則尚當問王道耳，不欲使王問霸事也。

[四] 王曰：德行當何如而可得以王乎？

[五] 保，安也。禦，止也。言安民則惠，黎民懷之，若此以王，無能止也。

[六] 王自恐德不足以安民，故問之。

[七] 孟子以爲如王之性，可以安民也。

[八] 王問<u>孟子</u>何以知吾可以安民。

[九] <u>胡齕</u>，王左右近臣也。觳觫，牛當到死地處恐貌。新鑄鍾，殺牲以血塗其釁郄，因以祭之，曰釁。《周禮・大祝》曰："隋釁，逆牲逆尸，令鍾鼓。"《天府》："上春，釁寶鍾及寶器。"
<u>孟子</u>曰：臣受<u>胡齕</u>言王嘗有此仁，不知誠有之否。

[一〇] 王曰有之。

[一一] 愛，嗇也。<u>孟子</u>曰：王推是仁心，足以至於王道。然百姓皆謂王嗇愛其財，臣知王見牛恐懼不欲趨死，不忍，故易之也。

[一二] 王曰：亦誠有百姓所言者矣，吾國雖小，豈愛惜一牛之財費哉！即見其牛哀之，釁鍾又不可廢，故易之以羊耳。

[一三] 異，怪也。隱，痛也。<u>孟子</u>言無怪百姓之謂王愛財也，見王以小易大故也。王如痛其無罪，羊亦無罪，何爲獨釋牛而取羊。

[一四] 王自笑心不然，而不能自免爲百姓所非，乃責己之以小易大，故曰宜乎其罪我也。

[一五] <u>孟子</u>解王自責之心，曰無傷於仁，是乃王爲仁之道也。時未見羊，羊之爲牲次於牛，故用之耳。是以君子遠庖廚，不欲見其生、食其肉也。

[一六]《詩》，《小雅・巧言》之篇也。王喜悅，因稱是《詩》以嗟嘆<u>孟子</u>忖度知己心，戚戚然心有動也。寡人雖有是心，何能足以王也。

[一七] 復，白也。許，信也。人有白王如此，王信之乎？百鈞，三千斤也。

[一八] 王曰：我不信也。

[一九] <u>孟子</u>言王恩及禽獸，而不安百姓，若不用力、不用明者

也。不爲耳，非不能也。

[二〇] 王問其狀何以異也。

[二一] 孟子爲王陳爲與不爲之形若是，王則不折枝之類也。折枝，按摩折手節解罷枝也。少者恥見役[一]，故不爲耳，非不能也。大山、北海皆近齊，故以爲喻也。

[二二] 老猶敬也。幼猶愛也。敬我之老，亦敬人之老。愛我之幼，亦愛人之幼。推此心以惠民，天下可轉之掌上，言易也。

[二三]《詩》，《大雅·思齊》之篇也。刑，正也。寡，少也。言文王正己適妻，則八妾從，以及兄弟。御，享也。享天下國家之福，但舉己心加於人耳。

[二四] 大過人者，大有爲之君也。善推其心所好惡，以安四海也。

[二五] 復申此，言非王不能，不爲之耳。

[二六] 權，銓衡也，可以稱輕重也。度，丈尺也，可以量長短也。凡物皆當稱度乃可知，心當行之乃爲仁。心比於物，尤當爲之甚者也。欲使王度心如度物也。

[二七] 抑，辭也。孟子問王抑亦如是，乃快邪？

[二八] 王言不然，我不快是也，將欲以求我心所大欲者耳。

[二九] 孟子雖心知王意而故問者，欲令王自道，緣以陳之。

[三〇] 王意大而不敢正言。

[三一] 孟子復問此五者，欲以致王所欲也，故發異端以問也。

[三二] 王言我不爲是也。

[三三] 莅，臨也。言王意欲庶幾王者，莅臨中國而安四夷者也。

[三四] 若，順也。順嚮者所爲，謂構兵諸侯之事，求順今之所欲

[一] 少者恥見役　"見"，《天祿琳琅》本同，阮刻本作"是"。

莅中國之願，其不可得，如緣喬木而求生魚也。

[三五] 王謂比之緣木求魚爲大甚。

[三六] 孟子言盡心戰鬭，必有殘民破國之災，故曰殆有甚於緣木求魚者也。

[三七] 王欲知其害也。

[三八] 言鄒小楚大也。

[三九] 王曰楚人勝也。

[四〇] 固，辭也。言小弱固不可以敵彊大。集會齊地，可方千里，譬一州耳，今欲以一州服八州，猶鄒欲敵楚。

[四一] 王欲服之道，蓋當反王道之本。

[四二] 反本道，行仁政，若此則天下歸之，誰能止之者。

[四三] 王言我情思惛亂，不能進行此仁政，不知所當施行也。欲使孟子明言其道，以教訓之。我雖不敏，願嘗使少行之也。

[四四] 孟子爲王陳其法也。恒，常也。産，生也。恒產，則民常可以生之業也。恒心，人常有所善心也。惟有學士之心者，雖窮不失道，不求苟得耳。凡民迫於飢寒，則不能守其常善之心。

[四五] 民誠無恒心，放溢辟邪，侈於奸利，犯罪觸刑，無所不爲，乃就刑之，是由張羅罔以罔民者也。

[四六] 安有仁人爲君，罔陷其民，是政何可爲也？

[四七] 言衣食足，知榮辱，故民從之，教化輕易也。

[四八] 言今民困窮，救死恐凍餓而不給，何暇脩禮行義也。

[四九] 其說與上同。八口之家，次上農夫也。孟子所以重言此者，此乃王政之本、常生之道，故爲齊梁之君各具陳之。當章究義，不嫌其重也。《章指》言：典籍攸載，帝王道

純,桓文之事,譎正相紛,撥亂反正,聖意弗珍。故曰後世,無傳未聞。仁不施人,猶不成德;鼛鐘易牲,民不被澤。王請嘗試,欲踐其路,答以反本,惟是爲要。此蓋孟子不屈道之言也。

孟子卷第二

梁惠王章句下

(二·一)

　　莊暴見孟子，曰："暴見於王，王語暴以好樂，暴未有以對也。"曰："好樂何如？"[一]

　　孟子曰："王之好樂甚，則齊國其庶幾乎？"[二]

　　他日，見於王，曰："王嘗語莊子以好樂，有諸？"[三]

　　王變乎色，曰："寡人非能好先王之樂也，直好世俗之樂耳。"[四]

　　曰："王之好樂甚，則齊其庶幾乎！今之樂，猶古之樂也。"[五]

　　曰："可得聞與？"[六]

　　曰："獨樂樂，與人樂樂，孰樂？"[七]

　　曰："不若與人。"[八]

　　曰："與少樂樂，與眾樂樂，孰樂？"[九]

　　曰："不若與眾。"[一〇]

　　"臣請爲王言樂。[一一]今王鼓樂於此，百姓聞王鍾鼓之聲、管籥之音，舉疾首蹙頞而相告曰：'吾王之好鼓樂，夫何使我至於此極也！父子不相見，兄弟妻子離散。'[一二]今王田獵於此，百姓聞王車馬之音，見羽旄之美，舉疾首蹙頞而相告曰：'吾王之好田獵，夫何使我至於此極也？父子不相見，兄弟妻子離散。'此無他，不與民同樂也。[一三]今王鼓樂於此，百姓聞王鍾鼓之聲、管籥之音，舉欣欣然有喜色而相告曰：'吾王庶幾無疾病與？何以能鼓樂也！'[一四]今王田獵於此，百姓聞王車馬之音，見羽旄之美，舉欣欣然有喜色而相告曰：'吾王庶幾無疾病與？何以能田獵也！'此無他，與民同樂也。^[一五]今王與百姓同樂，則王矣。"^[一六]

[一] 莊暴，齊臣也。不能決知之，故無以對，而問曰：王好樂何如。

[二] 王誠能大好古之樂，齊國其庶幾治乎。

[三] 孟子問王有是語不。

[四] 變乎色，慍恚莊子道其好樂也。王言我不能好先聖王之樂也，直好世俗之樂，謂鄭聲也。

[五] 甚，大也。謂大要與民同樂，古今何異也。

[六] 王問古今同樂之意，寧可得聞邪？

[七] 孟子復問王獨自作樂樂邪？與人共聽樂樂也？

[八] 王曰獨聽樂不如與衆共聽之樂也。

[九] 孟子復問王與少人共聽樂樂邪？衆人共聽樂樂也？

[一〇] 王言不若與衆人共聽樂樂也。

[一一] 孟子欲爲王陳獨樂與衆人樂之狀。

[一二] 鼓樂者，樂以鼓爲節也。管，笙。籥，簫。或曰籥若笛，短而有三孔。《詩》云"左手執籥"，以節衆也。疾首，頭痛也。蹙頞，愁貌。言王擊鼓作樂，發賦徭役皆出於民，而德不加之，故使百姓愁。

[一三] 田獵無節，以非時取牲也。羽旄之美，但飾羽旄，使之美好也。發民驅獸，供給役使，不得休息，故民窮極而離散奔走也。

[一四] 百姓欲令王康強而鼓樂也。今無賦斂於民，而有惠益，故欣欣然而喜也。

[一五] 王以農隙而田，不妨民時，有愍民之心。因田獵而加撫恤

[一六] 孟子言王何故不大好樂，效古賢君與民同樂，則可以王天下也，何惡莊子之言王之好樂也。《章指》言：人君田獵以時，鍾鼓有節，發政行仁，民樂其事，則王道之階在於此矣。故曰"天時不如地利，地利不如人和"矣。

(二·二)

齊宣王問曰："文王之囿方七十里，有諸？"[一]
孟子對曰："於傳有之。"[二]
曰："若是其大乎？"[三]
曰："民猶以爲小也。"[四]
曰："寡人之囿方四十里，民猶以爲大，何也？"[五]
曰："文王之囿方七十里，芻蕘者往焉，雉兔者往焉。與民同之，民以爲小，不亦宜乎！[六] 臣始至於境，問國之大禁，然後敢入。[七] 臣聞郊關之內，有囿方四十里，殺其麋鹿者如殺人之罪。[八] 則是方四十里爲阱於國中，民以爲大，不亦宜乎？"[九]

[一] 王言聞文王苑囿方七十里，寧有之？
[二] 於傳文有是言。
[三] 王怪其大。
[四] 言文王之民尚以爲小也。
[五] 王以爲文王在岐豐之時，雖爲西伯，土地尚狹〔一〕，而囿以大矣。今我地方千里而囿小之，民以爲寡人囿爲大，何故也。

〔一〕 土地尚狹 "土"，底本作"王"，據《天祿琳琅》本、阮刻本改。

［六］芻蕘者，取芻薪之賤人也。雉兔，獵人取雉兔者。言文王聽民往取禽獸，刈其芻薪，民苦其小，是其宜也。

［七］言王之政嚴刑重也。

［八］郊關，齊四境之郊皆有關。

［九］設陷阱者不過丈尺之間耳，今王陷阱乃方四十里，民苦其大，不亦宜乎。《章指》言：譏王廣囿專利，嚴刑陷民也。

(二·三)

齊宣王問曰："交鄰國有道乎？"[一]

孟子對曰："有。[二]惟仁者爲能以大事小，是故湯事葛，文王事混夷。[三]惟智者爲能以小事大，故大王事獯鬻，句踐事吳。[四]以大事小者，樂天者也。以小事大者，畏天者也。樂天者保天下，畏天者保其國。《詩》云：'畏天之威，于時保之。'"[五]

王曰："大哉言矣！寡人有疾，寡人好勇。"[六]

對曰："王請無好小勇。夫撫劍疾視，曰：'彼惡敢當我哉！'此匹夫之勇，敵一人者也。[七]王請大之。《詩》云：'王赫斯怒，爰整其旅，以遏徂莒，以篤周祜，以對于天下。'此文王之勇也。文王一怒而安天下之民。[八]《書》曰：'天降下民，作之君，作之師。惟曰其助上帝寵之。四方有罪無罪，惟我在，天下曷敢有越厥志！'[九]一人衡行於天下，武王恥之，此武王之勇也。[一〇]而武王亦一怒而安天下之民。今王亦一怒而安天下之民，民惟恐王之不好勇也。"[一一]

［一］問與鄰國交接之道。

［二］欲爲王陳古聖賢之比。

［三］葛伯放而不祀，湯先助之祀。《詩》云"混夷兊矣，惟其喙矣"，謂文王也。是則聖人行仁政，能以大事小者也。

［四］獯鬻，北狄彊者，今匈奴也。大王去邠避獯鬻。越王句踐退於會稽，身自官事吳王夫差。是則智者用智，是故以小事大而全其國也。

［五］聖人樂行天道，如天無不蓋也，故保天下，湯文是也。智者量時畏天，故保其國，大王、句踐是也。《詩》，《周頌·我將》之篇，言成王尚畏天之威，於是時故能安其大平之道也。

［六］王謂孟子之言大，不合於其意。答之云寡人有疾，疾於好勇，不能行聖賢之所履也。

［七］疾視，惡視也。撫劍瞋目曰：人安敢當我哉！此一夫之勇，足以當一人之敵者也。

［八］《詩》，《大雅·皇矣》之篇也。言文王赫然斯怒，於是整其師旅，以遏止往伐莒者，以篤周家之福，以揚名於天下。文王一怒而安民，願王慕其大勇，無論匹夫之小勇。

［九］《書》，《尚書》逸篇也。言天生下民，為作君，為作師，以助天光寵之也。四方善惡皆在己，所謂在予一人，天下何敢有越其志者也。

［一〇］衡，橫也。武王恥天下一人有橫行不順天道者，故伐紂也。

［一一］孟子言武王好勇，亦則文王一怒而安天下之民也。今王好勇，亦則武王一怒而安天下之民。民恐王之不好勇耳，王何為欲小勇而自謂有疾也。《章指》言：聖人樂天，賢者知時，仁必有勇。勇以討亂而不為暴，則百姓安之。

(二·四)

齊宣王見孟子於雪宮。

王曰："賢者亦有此樂乎？"^[一]

孟子對曰："有人不得則非其上矣。不得而非其上者，非也。爲民上而不與民同樂者，亦非也。^[二]樂民之樂者，民亦樂其樂。憂民之憂者，民亦憂其憂。^[三]樂以天下，憂以天下，然而不王者，未之有也。^[四]昔者齊景公問於晏子曰：'吾欲觀於轉附、朝儛，遵海而南，放于琅邪，吾何脩而可以比於先王觀也？'^[五]晏子對曰：'善哉問也！天子適諸侯曰巡狩，巡狩者，巡所守也。諸侯朝於天子曰述職，述職者，述所職也。無非事者。春省耕而補不足，秋省斂而助不給。^[六]夏諺曰：吾王不遊，吾何以休？吾王不豫，吾何以助？一遊一豫，爲諸侯度。^[七]今也不然，師行而糧食，飢者弗食，勞者弗息。睊睊胥讒，民乃作慝。^[八]方命虐民，飲食若流。流連荒亡，爲諸侯憂。^[九]從流下而忘反謂之流，從流上而忘反謂之連，從獸無厭謂之荒，樂酒無厭謂之亡。先王無流連之樂、荒亡之行，惟君所行也。'^[一〇]景公説，大戒於國，出舍於郊。於是始興發，補不足。^[一一]召大師，曰：'爲我作君臣相説之樂。'蓋《徵招》《角招》是也。^[一二]其詩曰：'畜君何尤？'畜君者，好君也。"^[一三]

[一] 雪宫，離宫之名也。宫中有苑囿臺池之飾，禽獸之饒，王自多有此樂，故問曰賢者亦能有此樂乎？

[二] 有人不得，人有不得志者也。不責己仁義不自脩，而責上之不用己，此非君子之道。人君適情從欲，獨樂其身，而不與民同樂，亦非在上不驕之義也。

[三] 言民之所樂，君與之同，故民亦樂使其君有樂也。民之所憂者，君助憂之，故民亦能憂君之憂，爲之赴難也。

[四] 言古賢君樂則以己之樂與天下同之，憂則以天下之憂與己共之，如是未有不王者。孟子以是答王者，言雖有此樂，未能與人共之。

[五] 孟子言往者齊景公嘗問其相晏子若此也。轉附、朝儛，皆山名也。又言朝，水名也。遵，循也。放，至也。循海而南，至於琅邪。琅邪，齊東南境上邑也。當何脩治，可以比先王之觀遊乎？先王，先聖之王也。

[六] 言天子、諸侯出，必因王事有所補助於民，無非事而空行者也。春省耕，問耒耜之不足。秋省斂，助其力不足也。

[七] 晏子道夏禹之世民之諺語也。言王者巡狩觀民，其行從容，若遊若豫。豫亦遊也。《春秋傳》曰："魯季氏有嘉樹，晉范宣子豫焉。"吾王不遊，我何以得見勞苦、蒙休息也。吾王不豫，我何以得見振贍、助不足也。王者一遊一豫，行恩布德，應法而出，可以爲諸侯之法度也。

[八] 今也者，晏子言今時天下之民，人君興師行軍，皆遠轉糧食而食之，有飢不得飽食者，勞者致重，亦不得休息；在位者又睊睊側目相視，更相讒惡，民由是化之而作慝惡也。

[九] 方猶放也。放棄不用先王之命[一]，但爲虐民之政，恣意飲食，若水流之無窮極也。謂沈湎于酒，熊蹯不熟，怒而殺人之類也。流連、荒亡，皆驕君之溢行也。言王道虧，諸侯行霸，由當相匡正，故爲諸侯憂也。

[一〇] 言驕君放遊，無所不爲。或浮水而下，樂而忘反謂之流，若齊桓與蔡姬乘舟於囿之類也。連者，引也。使人徒引舟船上行而忘反以爲樂，故謂之連。《書》曰"罔水行舟"，

―――――――――――
〔一〕 放棄不用先王之命　"先王之命"，底本作"先生之命"，據《天祿琳琅》本、阮刻本改。

丹朱慢遊，無水而行舟，豈不引舟於水而上行乎，此其類也。從獸無厭，若羿之好田獵，無有厭極，以亡其身，故謂之荒亂也。樂酒無厭，若殷紂以酒喪國也，故謂之亡。言聖人之行無此四者，惟君所欲行也。晏子之意，不欲使景公空遊於琅邪而無益於民也。

[一一] 景公説晏子之言也。戒，備也。大脩戒備於國。出舍於郊，示憂民困。始興惠政，發倉廩以振貧下不足者也。

[一二] 大師，樂師也。《徵招》《角招》，其所作樂章名也。

[一三] 其詩，樂詩也。言臣説君，謂之好君。何尤者，無過也。孟子所以道晏子、景公之事者，欲以感喻宣王，非其矜夸雪宮而欲以若賢者。《章指》言：與天下同憂者，不爲慢遊之樂，不循四溢之行，是以文王不敢盤于遊田也。

(二·五)

齊宣王問曰："人皆謂我毀明堂，毀諸？已乎？"[一]

孟子對曰："夫明堂者，王者之堂也，王欲行王政，則勿毀之矣。"[二]

王曰："王政可得聞與？"[三]

對曰："昔者文王之治岐也，耕者九一，仕者世祿，關市譏而不征，澤梁無禁，罪人不孥。[四]老而無妻曰鰥，老而無夫曰寡，老而無子曰獨，幼而無父曰孤，此四者，天下之窮民而無告者，文王發政施仁，必先斯四者。[五]《詩》云：'哿矣富人，哀此煢獨。'"[六]

王曰："善哉言乎！"[七]

曰："王如善之，則何爲不行？"[八]

王曰："寡人有疾，寡人好貨。"[九]

對曰："昔者公劉好貨，《詩》云：'乃積乃倉，乃裹餱糧，于橐于囊，思戢用光。弓矢斯張，干戈戚揚，爰方啓行。'故居者有積倉，行者有裹囊也，然後可以爰方啓行。王如好貨，與百姓同之，於王何有？"[一〇]

王曰："寡人有疾，寡人好色。"[一一]

對曰："昔者大王好色，愛厥妃。《詩》云：'古公亶甫，來朝走馬。率西水滸，至于岐下。爰及姜女，聿來胥宇。'當是時也[一]，內無怨女，外無曠夫。王如好色，與百姓同之，於王何有？"[一二]

[一] 謂泰山下明堂，本周天子東巡狩朝諸侯之處也，齊侵地而得有之。人勸齊宣王，諸侯不用明堂，可毀壞，故疑而問於孟子當毀之乎。已，止也。

[二] 言王能行王道者，則可無毀也。

[三] 王言王政當何施，其法寧可得聞。

[四] 言往者文王爲西伯時，始行王政，使岐民脩井田，八家耕八百畝，其百畝者以爲公田及廬井，故曰九一也。紂時稅重，文王復行古法也。仕者世禄，賢者子孫必有土地。關以譏難非常，不征稅也。陂池魚梁不設禁，與民共之也。孥，妻子也。《詩》云："樂爾妻孥。"罪人不孥，惡惡止其身，不及妻子也。

[五] 言此四者皆天下之窮民，文王常恤鰥寡存孤獨也。

[六] 《詩》，《小雅‧正月》之篇。哿，可也。言居今之世可矣，富人但憐愍此煢獨羸弱者耳。文王行政如此也。

〔一〕 當是時也 "時"，底本作"詩"，據《天祿琳琅》本、阮刻本改。

［七］善此王政之言。

［八］孟子言王如善此王政，則何爲不行也。

［九］王言我有疾，疾於好貨，故不能行。

［一〇］《詩》，《大雅·公劉》之篇也。乃積穀於倉，乃裹盛乾食之糧於橐囊也。思安民，故用有寵光也。戚，斧；揚，鉞也。又以武備之四方啓道路。孟子言公劉好貨若此，王若則之，於王何有不可也。

［一一］王言我有病，病好色，不能行也。

［一二］《詩》，《大雅·緜》之篇也。亶甫，大王名也，號稱古公。來朝走馬，遠避狄難，去惡疾也。率，循也。滸，水涯也。循西方水滸，來至岐山下也。姜女，大王妃也。於是與姜女俱來相土居也〔一〕。言大王亦好色，非但與姜女俱行而已也，普使一國男女無有怨曠。王如則之，與百姓同欲，皆使無過時之思，則於王之政何有不可乎。《章指》言：夫子恂恂然善誘人，誘人以進於善也。齊王好貨好色，孟子推以公劉、大王，所謂責難於君謂之恭者也。

(二·六)

孟子謂齊宣王曰："王之臣有託其妻子於其友而之楚遊者，[一]比其反也，則凍餒其妻子，則如之何？"[二]

王曰："棄之。"[三]

曰："士師不能治士，則如之何？"[四]

王曰："已之。"[五]

曰："四境之内不治，則如之何？"[六]

〔一〕 於是與姜女俱來相土居也 "於是"，底本作"於其"，據《天禄琳琅》本、阮刻本改。

王顧左右而言他。[七]

[一] 假此言以爲喻。
[二] 言無友道，當如之何。
[三] 言當棄之，絕友道也。
[四] 士師，獄官吏也。不能治獄，當如之何。
[五] 已之者，去之也。
[六] 境內之事，王所當理，不勝其任，當如之何。孟子以此動王心，令戒懼也。
[七] 王慙而左右顧視，道他事，無以答此言也。《章指》言：君臣上下，各勤其任，無墮其職，乃安其身也。

(二·七)

孟子見齊宣王，曰："所謂故國者，非謂有喬木之謂也，有世臣之謂也。[一]王無親臣矣。[二]昔者所進，今日不知其亡也。"[三]

王曰："吾何以識其不才而舍之？"[四]

曰："國君進賢，如不得已，將使卑踰尊，疏踰戚，可不慎與！[五]左右皆曰賢，未可也；諸大夫皆曰賢，未可也；國人皆曰賢，然後察之，見賢焉，然後用之。[六]左右皆曰不可，勿聽；諸大夫皆曰不可，勿聽；國人皆曰不可，然後察之，見不可焉，然後去之。[七]左右皆曰可殺，勿聽；諸大夫皆曰可殺，勿聽；國人皆曰可殺，然後察之，見可殺焉，然後殺之，故曰國人殺之也。[八]如此，然後可以爲民父母。"[九]

[一] 故者，舊也。喬，高也。人所謂是舊國也者，非但見其有高大樹木也，當有累世脩德之臣，常能輔其君以道，乃爲舊國可法則也。

[二] 今王無可親任之臣。

[三] 言王取臣不詳審，往日之所知，今日爲惡當誅亡，王無以知也。

[四] 王言我當何以先知其不才而舍之不用也。

[五] 言國君欲進用人，當留意考擇，如使忽然不精心意，如不得已而取備官，則將使尊卑親疏相踰，豈可不重慎之。

[六] 謂選大臣，防比周之譽，核鄉原之徒，《論》曰：「衆好之，必察焉。」

[七] 衆惡之，必察焉。惡直醜正，寔繁有徒，防其朋黨，以毀忠正。

[八] 言當慎行大辟之罪，五聽三宥，古者刑人於市，與衆棄之。

[九] 行此三慎之聽，乃可以子畜百姓也。《章指》言：人君進賢退惡，翔而後集；有世賢臣，稱曰舊國，則四方瞻仰之，以爲則矣。

(二·八)

齊宣王問曰：「湯放桀，武王伐紂，有諸？」[一]

孟子對曰：「於傳有之。」[二]

曰：「臣弑其君，可乎？」[三]

曰：「賊仁者謂之賊，賊義者謂之殘，殘賊之人，謂之一夫。聞誅一夫紂矣，未聞弑君也。」[四]

[一] 有之否乎？

[二] 於傳文有之矣。

[三] 王問臣何以得弑其君，豈可行乎？

［四］言殘賊仁義之道者，雖位在王公，將必降爲匹夫，故謂之一夫也。但聞武王誅一夫紂耳，不聞弒君也，《書》云"獨夫紂"，此之謂也。《章指》言：孟子云紂以崇惡失其尊名，不得以君臣論之，欲以深寤齊王，垂戒于後也。

(二・九)

孟子謂齊宣王曰："爲巨室則必使工師求大木。工師得大木則王喜，以爲能勝其任也。匠人斲而小之，則王怒，以爲不勝其任矣。［一］夫人幼而學之，壯而欲行之。王曰'姑舍女所學而從我'，則何如？［二］今有璞玉於此，雖萬鎰，必使玉人彫琢之。至於治國家，則曰'姑舍女所學而從我'，則何以異於教玉人彫琢玉哉？"［三］

［一］巨室，大宮也。《爾雅》曰：宮謂之室。工師，主工匠之吏。匠人，工匠之人也。將以此喻之也。

［二］姑，且也。謂人少學先王之正法，壯大而仕，欲施行其道，而王止之曰：且舍置汝所學，而從我之教命，此何如也。

［三］二十兩爲鎰。彫琢，治飾玉也，《詩》云："彫琢其章。"雖有萬鎰在此，言衆多也，必須玉人能治之耳。至於治國家而令從我，是爲教玉人治玉也。教人治玉，不得其道，則玉不得美好。教人治國，不以其道，則何由能治者乎。《章指》言：任賢使能，不違其學，則功成而不墮。屈人之是，從己之非，則人不成道，玉不成圭，善惡之致，可不察哉。

(二・十)

齊人伐燕，勝之。

宣王問曰："或謂寡人勿取，或謂寡人取之。以萬乘之國伐萬乘之國，五旬而舉之，人力不至於此，不取必有天殃，取之何如？"[一]

孟子對曰："取之而燕民悅，則取之。古之人有行之者，武王是也。[二]取之而燕民不悅，則勿取。古之人有行之者，文王是也。[三]以萬乘之國伐萬乘之國，簞食壺漿以迎王師，豈有他哉！避水火也。如水益深，如火益熱，亦運而已矣。"[四]

[一]萬乘，非諸侯之號，時燕國皆侵地廣大，僭號稱王，故曰萬乘。五旬，五十日也。《書》曰："歲三百有六旬。"言五旬未久而取之，非人力，乃天也。天與不取，懼有殃咎，取之何如。

[二]武王伐紂而殷民喜悅，籃厥玄黃而來迎之，是以取之也。

[三]文王以三仁尚在，樂師未奔，取之懼殷民不悅，故未取之。

[四]燕人所以持簞食壺漿來迎王師者，欲避水火難耳。如其所患益甚，則亦運行奔走而去矣。今王誠能使燕民免於水火，亦若武王伐紂，殷民喜悅之時，則可取之。《章指》言：征伐之道，當順民心。民心悅則天意得；天意得，然後乃可以取人之國也。

(二·十一)

齊人伐燕，取之。諸侯將謀救燕，宣王曰："諸侯多謀伐寡人者，何以待之？"[一]

孟子對曰："臣聞七十里爲政於天下者，湯是也。未聞以千里畏人者也。[二]《書》曰：'湯一征，自葛始。'天下信之，東面而征西夷怨，南面而征北狄怨，曰'奚爲後我'？民望之，若大旱之望雲霓也。歸市者不止，耕者不變，誅其君而弔其民，若時雨降，民大悅。《書》曰：'徯我后，后來其蘇。'[三] 今燕虐其民，王往而征之，民以爲將拯己於水火之中也。簞食壺漿，以迎王師。若殺其父兄，係累其子弟，毀其宗廟，遷其重器，如之何其可也？[四] 天下固畏齊之彊也，今又倍地而不行仁政，是動天下之兵也。[五] 王速出令，反其旄倪，止其重器，謀於燕衆，置君而後去之，則猶可及止也。"[六]

[一] 宣王貪燕而取之，諸侯不義其事，將謀伐齊救燕，宣王懼而問之。

[二] 成湯脩德，以七十里而得天下。今齊地方千里，何畏懼哉。

[三] 此二篇皆《尚書》逸篇之文也，言湯初征自葛始，誅其君，恤其民，天下信湯之德。面者，嚮也。東嚮征西夷怨者，去王城四千里夷服之國也，故謂之四夷。言遠國思望聖化之甚也，故曰何爲後我。霓，虹也。雨則虹見，故大旱而思見之。徯，待也。后，君也。待我君來，則我蘇息也。

[四] 拯，濟也。係累，猶縛結也。燕民所以悅喜迎王師者，謂濟救於水火之中耳，今又殘之若此，安可哉。

[五] 言天下諸侯素畏齊彊，今復并燕一倍之地，以是行暴，則多所危，是動天下之兵共謀齊也。

[六] 速，疾也。旄，老旄也。倪，弱小倪倪者也。孟子勸王急出令，先還其老小，止勿徙其寶重之器，與燕民謀置所欲立君而去之歸齊，天下之兵，猶可及其未發而止之也。《章指》言：

伐惡養善，無貪其富，以小王大，夫將何懼也。

(二·十二)

鄒與魯鬨，穆公問曰："吾有司死者三十三人，而民莫之死也。誅之則不可勝誅，不誅則疾視其長上之死而不救，如之何則可也？"[一]

孟子對曰："凶年饑歲，君之民，老弱轉乎溝壑，壯者散而之四方者，幾千人矣，而君之倉廩實，府庫充，有司莫以告，是上慢而殘下也。[二]曾子曰：'戒之戒之，出乎爾者，反乎爾者也。'[三]夫民今而後得反之也，君無尤焉。[四]君行仁政，斯民親其上，死其長矣。"[五]

[一] 鬨，鬥聲也，猶構兵而鬥也。長上，軍率也。鄒穆公念其民不赴難而問其罰當謂何也。

[二] 言往者遭凶年之阨，民困如是。有司諸臣無告白於君有以振救之，是上驕慢以殘賊其下也。

[三] 曾子有言，上所出善惡之命，下終反之，不可不戒也。

[四] 尤，過也。孟子言百姓乃今得反報諸臣不哀矜耳，君無過責之也。

[五] 君行仁恩，憂民窮困，則民化而親其上，死其長矣。《章指》言：上恤其下，下赴其難。惡出於己，害及其身，如影響自然也。

(二·十三)

滕文公問曰："滕，小國也，間於齊楚，事齊乎？事

楚乎？"〔一〕

　　孟子對曰："是謀非吾所能及也。無已，則有一焉，鑿斯池也，築斯城也，與民守之，效死而民弗去，則是可爲也。"〔二〕

　[一] 文公言我居齊楚之間，非其所事，不能自保也。
　[二] 孟子以二大國之君皆不由禮，我不能知誰可事者也。不得已有一謀焉，惟施德義以養民，與之堅守城池，至死，使民不畔去，則可爲矣〔一〕。《章指》言：事無禮之國，不若得民心，與之守死善道也。

(二·十四)

　　滕文公問曰："齊人將築薛，吾甚恐。如之何則可？"〔一〕

　　孟子對曰："昔者大王居邠，狄人侵之，去之岐山之下居焉，非擇而取之，不得已也。〔二〕苟爲善，後世子孫必有王者矣。〔三〕君子創業垂統，爲可繼也，若夫成功，則天也。君如彼何哉，強爲善而已矣。"〔四〕

　[一] 齊人并得薛，築其城以偪於滕，故文公恐也。
　[二] 大王非好岐山之下，擇而居之，迫不得已，困於彊暴，故避之。
　[三] 誠能爲善，雖失其地，後世乃可有王者，若周家也。
　[四] 君子造業垂統，貴令後世可繼續而行耳，又何能必有成功，成功乃天助之也。君豈如彼齊何乎，但當自強爲善法，以遺後世也。《章指》言：君子之道，正己任天，強暴之來，非

───────────

〔一〕則可爲矣　此四字底本、《天祿琳琅》本同，阮刻本作"則是可以爲也"。

51

己所招,謂窮則獨善其身者也。

(二·十五)

滕文公問曰:"滕,小國也,竭力以事大國,則不得免焉,如之何則可?"[一]

孟子對曰:"昔者大王居邠,狄人侵之。事之以皮幣,不得免焉;事之以犬馬,不得免焉;事之以珠玉,不得免焉。[二]乃屬其耆老而告之曰:'狄人之所欲者,吾土地也。吾聞之也,君子不以其所以養人者害人,二三子何患乎無君,我將去之。'去邠,踰梁山,邑于岐山之下居焉。[三]邠人曰:'仁人也,不可失也。'從之者如歸市。[四]或曰:'世守也,非身之所能爲也。效死勿去。'君請擇於斯二者。"[五]

[一]問免難全國於孟子。
[二]皮,狐貉之裘。幣,繒帛之貨也。
[三]屬,會也。土地生五穀,所以養人也。會長老告之如此而去之。
[四]言樂隨大王,如歸趨於市,若將有得也。
[五]或曰:土地乃先人之所受也〔一〕,世世守之,非己身所能專爲,至死不可去也。欲令文公擇此二者,惟所行也。《章指》言:大王去邠,權也。效死而守業,義也。義權不竝,故曰擇而處之。

(二·十六)

魯平公將出,嬖人臧倉者請曰:"他日君出,則必命有

〔一〕土地乃先人之所受也　底本"之"後衍一"之"字,據《天禄琳琅》本及阮刻本刪。

司所之。今乘輿已駕矣，有司未知所之，敢請！"[一]

公曰："將見孟子。"[二]

曰："何哉！君所爲輕身以先於匹夫者，以爲賢乎？禮義由賢者出，而孟子之後喪踰前喪，君無見焉。"[三]

公曰："諾。"[四]

樂正子入見，曰："君奚爲不見孟軻也？"[五]

曰："或告寡人曰：'孟子之後喪踰前喪。'是以不往見也。"[六]

曰："何哉？君所謂踰者，前以士，後以大夫。前以三鼎，而後以五鼎與？"[七]

曰："否。謂棺槨衣衾之美也。"[八]

曰："非所謂踰也，貧富不同也。"[九]

樂正子見孟子，曰："克告於君，君爲來見也。嬖人有臧倉者沮君，君是以不果來也。"[一〇]

曰："行或使之，止或尼之，行止非人所能也。吾之不遇魯侯，天也。臧氏之子，焉能使予不遇哉。"[一一]

[一] 平，諡也。嬖人，愛幸小人也。

[二] 平公敬孟子有德，不敢請召，將往就見之。

[三] 匹夫，一夫也。臧倉言君何爲輕千乘而先匹夫乎？以爲孟子賢故也。賢者當行禮義，而孟子前喪父約，後喪母奢，君無見也。

[四] 諾，止不出。

[五] 樂正，姓。子，通稱。孟子弟子也，爲魯臣。問公何爲不便見孟軻。

[六] 公言以此故也。

[七] 樂正子曰：君所謂踰者，前者以士禮，後者以大夫禮。士祭三鼎，大夫祭五鼎故也。

[八] 公曰：不謂鼎數也，以其棺椁衣衾之美惡也。

[九] 樂正子曰：此非薄父厚母，令母喪踰父也。喪父時爲士，喪母時爲大夫。大夫祿重於士，故使然，貧富不同也。

[一〇] 克，樂正子名也。果，能也。曰：克告君以孟子之賢，君將欲來，臧倉者沮君，故君不能來也。

[一一] 尼，止也。孟子之意，以爲魯侯欲行，天使之矣。及其欲止，天令嬖人止之耳。行止天意，非人所能爲也。如使吾見魯侯，冀得行道，天欲使濟斯民也，故曰吾之不遭遇魯侯，乃天所爲也。臧倉小子，何能使我不遇哉。《章指》言：讒邪搆賢，賢者歸天，不尤人也。

孟子卷第三

公孫丑章句上 [一]

(三·一)

公孫丑問曰："夫子當路於齊，管仲、晏子之功，可復許乎？"[二]

孟子曰："子誠齊人也，知管仲、晏子而已矣。[三] 或問乎曾西曰：'吾子與子路孰賢？'曾西蹵然曰：'吾先子之所畏也。'[四] 曰：'然則吾子與管仲孰賢？'曾西艴然不悅曰：'爾何曾比予於管仲！[五] 管仲得君，如彼其專也；行乎國政，如彼其久也；功烈，如彼其卑也。爾何曾比予於是！'"[六]

曰："管仲，曾西之所不爲也，而子爲我願之乎？"[七]

曰："管仲以其君霸，晏子以其君顯。管仲、晏子猶不足爲與？"[八]

曰："以齊王，由反手也。"[九]

曰："若是，則弟子之惑滋甚。且以文王之德，百年而後崩，猶未洽於天下。武王、周公繼之，然後大行。今言王若易然，則文王不足法與？"[一〇]

曰："文王何可當也！由湯至於武丁，賢聖之君六七作，天下歸殷久矣，久則難變也。武丁朝諸侯，有天下，猶運之掌也。[一一] 紂之去武丁未久也，其故家遺俗，流風善政，猶有存者。又有微子、微仲、王子比干、箕子、膠鬲，皆賢人也，相與輔相之，故久而後失之也。尺地莫非其有也，一民莫非其臣也，然而文王猶方百里起，是以難也。[一二] 齊人有言曰：'雖有智慧，不如乘勢。雖有鎡基，不如待時。'今時則易然也。[一三]夏后、殷、周之盛，地未有過千里者也，而齊有其地矣。雞鳴狗吠相聞，而達乎四境，而齊有其民矣。地不改辟矣，民不改聚矣，行仁政而王，莫之能禦也。[一四]且王者之不作，未有疏於此時者也；民之憔悴於虐政，未有甚於此時者也。飢者易爲食，渴者易爲飲，孔子曰：'德之流行，速於置郵而傳命。'[一五]當今之時，萬乘之國行仁政，民之悅之，猶解倒懸也，故事半古之人，功必倍之，惟此時爲然。"[一六]

[一] 公孫丑者，公孫，姓；丑，名。孟子弟子也。丑有政事之才，問管晏之功，猶《論語》"子路問政"，故以題篇。

[二] 夫子，謂孟子。許猶興也。如使夫子得當仕路於齊，而可以行道，管夷吾、晏嬰之功，寧可復興乎？

[三] 誠，實也。子實齊人也，但知二子而已，豈復知王者之佐乎？

[四] 曾西，曾子之孫。蹵然猶蹵踖也。先子，曾子也。子路在四友，故曾子畏敬之，曾西不敢比。

[五] 艴然，慍怒色也。何曾猶何乃也。

[六] 曾西答或人，言管仲得遇桓公，使之專國政如彼，行政於國其久如彼，功烈卑陋如彼，謂不帥齊桓公行王道而行霸道，故言卑也。重言何曾比我，恥見比之甚也。

[七] 孟子心狹曾西，曾西尚不欲爲管仲，而子爲我願之乎？非丑之言小也。

[八] 丑曰：管仲輔桓公以霸道，晏子相景公以顯名，二子如此，尚不可爲邪？

[九] 孟子言以齊國之大而行王道，其易若反手耳，故譏管晏不勉其君以王業也。

［一〇］丑曰：如是言，則弟子惑益甚也。文王尚不能及身而王，何謂王易然也？若是，則文王不足以爲法邪？

［一一］武丁，高宗也。孟子言文王之時難爲功，故言何可當也。從湯以下，聖賢之君六七興，謂大甲、大戊、盤庚等也。運之掌，言易也。

［一二］紂得高宗餘化，又多良臣，故久乃亡也。微仲、膠鬲皆良臣也，但不在三仁中耳。文王當此時，故難也。

［一三］齊人諺言也。乘勢，居富貴之勢。鎡基，田器，耒耜之屬。待時，三農時也。今時易以行王化者也。

［一四］三代之盛，封畿千里耳。今齊地土民人已足矣，不更辟土聚民也。雞鳴狗吠相聞，言民室屋相望而衆多也。以此行仁而王，誰能止之也。

［一五］言王政不興久矣，民患虐政甚矣。若飢者食易爲美，渴者飲易爲甘。德之流行，疾於置郵傳書命也。

［一六］倒懸，喻困苦也。當今所施恩惠之事，半於古人，而功倍之矣。言今行之易也。《章指》言：德流之速，過於置郵；君子得時，大行其道；是以呂望覩文王而陳王圖，管晏雖勤，猶爲曾西所羞也。

(三·二)

公孫丑問曰："夫子加齊之卿相，得行道焉，雖由此霸王，不異矣。如此，則動心否乎？"[一]

孟子曰："否！我四十不動心。"[二]

曰："若是，則夫子過孟賁遠矣。"[三]

曰："是不難，告子先我不動心。"[四]

曰："不動心有道乎？"[五]

曰："有。[六]北宫黝之養勇也，不膚撓，不目逃，思以一豪挫於人，若撻之於市朝，不受於褐寬博，亦不受於萬乘之君；視刺萬乘之君，若刺褐夫，無嚴諸侯，惡聲至，必反之。[七]孟施舍之所養勇也，曰：'視不勝，猶勝也。量敵而後進，慮勝而後會，是畏三軍者也。舍豈能爲必勝哉？能無懼而已矣。'[八]孟施舍似曾子，北宫黝似子夏。夫二子之勇，未知其孰賢，然而孟施舍守約也。[九]昔者曾子謂子襄曰：'子好勇乎？吾嘗聞大勇於夫子矣。自反而不縮，雖褐寬博，吾不惴焉；自反而縮，雖千萬人，吾往矣。'孟施舍之守氣，又不如曾子之守約也。"[一〇]

曰："敢問夫子之不動心，與告子之不動心，可得聞與？"[一一]

"告子曰：'不得於言，勿求於心；不得於心，勿求於氣。'不得於心，勿求於氣，可。不得於言，勿求於心，不可。[一二]夫志，氣之帥也。氣，體之充也。[一三]夫志至焉，氣次焉。[一四]故曰持其志，無暴其氣。"[一五]

"既曰志至焉氣次焉，又曰持其志無暴其氣者，何也？"[一六]

曰："志壹則動氣，氣壹則動志也。今夫蹶者趨者，是氣也，而反動其心。"[一七]

"敢問夫子惡乎長？"[一八]

曰："我知言，我善養吾浩然之氣。"[一九]

"敢問何謂浩然之氣？"[二〇]

曰："難言也。其爲氣也，至大至剛，以直養而無害，則塞于天地之間。[二一]其爲氣也，配義與道。無是，餒也。[二二]是集義所生者，非義襲而取之也。[二三]行有不慊於心，則餒矣。[二四]我故曰：告子未嘗知義，以其外之也。[二五]

必有事焉而勿正，心勿忘，勿助長也。[二六]無若宋人然：宋人有閔其苗之不長而揠之者，芒芒然歸，謂其人曰：'今日病矣！予助苗長矣。'其子趨而往視之，苗則槁矣。[二七]天下之不助苗長者寡矣。以爲無益而舍之者，不耘苗者也；助之長者，揠苗者也，非徒無益，而又害之。"[二八]

"何謂知言？"[二九]

曰："詖辭知其所蔽，淫辭知其所陷，邪辭知其所離，遁辭知其所窮。[三〇]生於其心，害於其政；發於其政，害於其事。聖人復起，必從吾言矣。"[三一]

"宰我、子貢善爲說辭，冉牛、閔子、顏淵善言德行，孔子兼之，曰：'我於辭命，則不能也。'[三二]然則夫子既聖矣乎？"[三三]

曰："惡，是何言也！昔者子貢問於孔子曰：'夫子聖矣乎？'孔子曰：'聖則吾不能，我學不厭而教不倦也。'子貢曰：'學不厭，智也。教不倦，仁也。仁且智，夫子既聖矣。'夫聖，孔子不居，是何言也！"[三四]

"昔者竊聞之：子夏、子游、子張，皆有聖人之一體，冉牛、閔子、顏淵則具體而微。[三五]敢問所安？"[三六]

曰："姑舍是。"[三七]

曰："伯夷、伊尹何如？"[三八]

曰："不同道[一]。[三九]非其君不事，非其民不使，治則進，亂則退，伯夷也。[四〇]何事非君，何使非民，治亦進，亂亦進，伊尹也。[四一]可以仕則仕，可以止則止，可以久則久，可以速則速，孔子也。[四二]皆古聖人也，吾未能有

〔一〕曰不同道　此四字底本無，據《天祿琳琅》本、阮刻本補。

行焉。乃所願，則學孔子也。"[四三]

"伯夷、伊尹於孔子，若是班乎？"[四四]

曰："否！自有生民以來，未有孔子也。"[四五]

"然則有同與？"[四六]

曰："有，得百里之地而君之，皆能以朝諸侯、有天下；行一不義，殺一不辜而得天下，皆不爲也，是則同。"[四七]

曰："敢問其所以異？"[四八]

曰："宰我、子貢、有若，智足以知聖人，汙不至阿其所好。[四九]宰我曰：'以予觀於夫子，賢於堯舜遠矣。'[五〇]子貢曰：'見其禮而知其政，聞其樂而知其德，由百世之後，等百世之王，莫之能違也。自生民以來，未有夫子也。'[五一]有若曰：'豈惟民哉！麒麟之於走獸，鳳凰之於飛鳥，泰山之於丘垤，河海之於行潦，類也。聖人之於民，亦類也。出於其類，拔乎其萃，自生民以來，未有盛於孔子也。'"[五二]

[一] 加猶居也。丑問孟子，如使夫子得居齊卿相之位，行其道德，雖用此臣位，而輔君行之，亦不異於古霸王之君矣。如是，寧動心畏難、自恐不能行否邪？丑以此爲大道不易，人當畏懼之，不敢欲行也。

[二] 孟子言：禮，四十強而仕，我志氣已定，不妄動心有所畏也。

[三] 丑曰：若此，夫子志意堅勇過孟賁。賁，勇士也。孟子勇於德。

[四] 孟子言是不難也，告子之勇，未四十而不動心矣。

[五] 丑問：不動心之道云何。

[六] 孟子欲爲言之。

[七] 北宮，姓。黝，名也。人刺其肌膚，不爲撓却，刺其目，目

不轉精逃避之矣。人拔一毛，若見捶撻於市朝之中矣。褐寬博，獨夫被褐者。嚴，尊也。無有尊嚴諸侯可敬者也，以惡聲加己，己必惡聲報之。言所養育勇氣如是。

[八] 孟，姓。舍，名也。施，發音也。施舍自言其名，則但曰舍。豈能為必勝哉？要不恐懼而已也。以為量敵少而進，慮勝者足勝乃會。若此，畏三軍之眾者耳，非勇者也。

[九] 孟子以為曾子長於孝。孝，百行之本。子夏知道雖眾，不如曾子孝之大也。故以舍譬曾子，黝譬子夏，以施舍要之以不懼為約要也。

[一〇] 子襄，曾子弟子也。夫子，謂孔子也。縮，義也。惴，懼也。《詩》云："惴惴其慄。"曾子謂子襄，言孔子告我大勇之道，人加惡於己，己內自省，有不義不直之心，雖敵人被褐寬博一夫，不當輕驚懼之也。自省有義，雖敵家千萬人，我直往突之，言義之強也。施舍雖守勇氣，不如曾子守義之為約也。

[一一] 丑曰：不動心之勇，其意豈可得聞與？

[一二] 不得者，不得人之善心善言也。求者，取也。告子為人，勇而無慮，不原其情，人有不善之言加於己，不復取其心有善也，直怒之矣，孟子以為不可也。告子知人之有惡心，雖以善辭氣來加己，亦直怒之矣，孟子以為是則可，言人當以心為正也。告子非純賢，其不動心之事，一可用，一不可用也。

[一三] 志，心所念慮也。氣，所以充滿形體為喜怒也。志帥氣而行之，度其可否也。

[一四] 志為至要之本，氣為其次。

[一五] 暴，亂也。言志所嚮，氣隨之當正。持其志，無亂其氣，

妄以喜怒加人也。

[一六] 丑問暴亂其氣云何。

[一七] 孟子言壹者，志氣閉而爲壹也。志閉塞則氣不行，氣閉塞則志不通。蹶者相動，今夫行而蹶者，氣閉不能自持，故志氣顛倒。顛倒之間，無不動心而恐矣，則志氣之相動也。

[一八] 丑問孟子才志所長何等？

[一九] 孟子云：我聞人言，能知其情所趨，我能自養育我之所有浩然之大氣也。

[二〇] 丑問浩然之氣狀如何？

[二一] 言此至大至剛正直之氣也。然而貫洞纖微，洽於神明，故言之難也。養之以義，不以邪事干害之，則可使滋蔓，塞滿天地之間，布施德教，無窮極也。

[二二] 重說是氣。言此氣與道義相配偶俱行。義謂仁義，可以立德之本也。道謂陰陽，大道無形而生有形，舒之彌六合，卷之不盈握，包落天地〔一〕，稟授群生者也。言能養此道氣而行義理，常以充滿五藏。若其無此，則腹腸飢虛，若人之餒餓也。

[二三] 集，雜也。密聲取敵曰襲。言此浩然之氣，與義雜生，從內而出。人生受氣所自有者。

[二四] 慊，快也。自省所行，仁義不備，干害浩氣，則心腹飢餒矣。

[二五] 孟子曰：仁義皆出於內，而告子嘗以爲仁內義外，故言其未嘗知義也。

[二六] 言人行仁義之事，必有福在其中，而勿正但以爲福，故爲

〔一〕 包落天地　"落"，《天禄琳琅》本同，阮刻本作"絡"。

仁義也。但心勿忘其爲福，而亦勿汲汲助長其福也。汲汲則似宋人也。

[二七] 揠，挺拔之，欲亟長也。病，罷也。芒芒，罷倦之貌。其人，家人也。其子，揠苗者之子也。趨，走也。槁，乾枯也。以喻人之情，邀福者必有害。若欲急長苗，而反使之枯死也。

[二八] 天下人行善者，皆欲速得其福，恬然者少也。以爲福祿在天，求之無益，舍置仁義，不求爲善，是由農夫任天，不復耘治其苗也。其邀福欲急得之者，由此揠苗之人也，非徒無益於苗，乃反害之。言告子外義，常恐其行義欲急得其福，故爲丑言人之行，當内治善，不當急欲求其福。

[二九] 丑問知言之意謂何？

[三〇] 孟子曰：人有險詖之言，引事以襃人，若賓孟言雄雞自斷其尾之事，能知其欲以譽子朝蔽子猛也。有淫美不信之辭，若麗姬勸晉獻公與申生政，能知其欲以陷害之也。有邪辟不正之辭，若豎牛勸仲壬賜環之事，能知其欲行譖毀，以離之於叔孫也。有隱遁之辭，若秦客之廋辭於朝，能知其欲以窮晉諸大夫也。若此四者之類，我聞能知其所趨者也。

[三一] 生於其心，譬若人君有好殘賊嚴酷心，必妨害仁政，不得行也。發於其政者，若出令欲以非時田獵、築作宮室，必妨害民之農事，使百姓有飢寒之患也。吾見其端，欲防而止之。如使聖人復興，必從我言也。

[三二] 言人各有能，我於辭言命教，則不能如二子。

[三三] 丑見孟子但言不能辭命，不言不能德行，謂孟子欲自比孔子，故曰夫子既已聖矣乎？

[三四] 惡者，不安事之嘆辭也。孟子答丑，言往者子貢、孔子相答如此，孔子尚不敢安居於聖，我何敢自謂爲聖，故再言"是何言也"。

[三五] 體者，四肢股肱也。孟子言昔日竊聞師言也，丑方問欲知孟子之德，故謙辭言竊聞也。一體者，得一肢也。具體者，四肢皆具。微，小也。比聖人之體微小耳。體以喻德也。

[三六] 丑問孟子所安比也。

[三七] 姑，且也。孟子曰：且置是，我不願比也。

[三八] 丑曰伯夷之行何如，孟子心可願比伯夷不？

[三九] 言伯夷之行不與孔子、伊尹同道〔一〕。

[四〇] 非其君，非己所好之君也。非其民，不以正道而得民，伯夷不願使之，故謂之非其民也。

[四一] 伊尹曰：事非其君者，何傷也？使非其民者，何傷也？要欲爲天理物，其得行道而已矣。

[四二] 止，處也。久，留也。速，疾去也。

[四三] 此皆古之聖人，我未能有所行。若此乃言我心之所庶幾，則願欲學孔子，所履進退無常，量時爲宜也。

[四四] 班，齊等之貌也。丑嫌伯夷、伊尹與孔子相比，問此三人之德班然而等乎？

[四五] 孟子曰：不等也。從有生民以來，非純聖人，則未有與孔子齊德也。

[四六] 丑曰：然則此三人有同者邪？

[四七] 孟子曰：此二人君國，皆能使鄰國諸侯尊敬其德而朝之，

〔一〕 言伯夷……同道　此十三字底本無，據《天祿琳琅》本、阮刻本補。

不以其義得之，皆不爲也，是則孔子同之矣。

[四八] 丑問孔子與二人異謂何？

[四九] 孟子曰：宰我等三人之智，足以識聖人。汙，下也。言三人雖小汙不平，亦不至於其所好以非其事，阿私所愛而空譽之，其言有可用者。欲爲丑陳三子之道孔子也。

[五〇] 予，宰我名也。以爲孔子賢於堯舜，以孔子但爲聖，不王天下，而能制作素王之道，故美之。如使當堯舜之世，賢之遠矣。

[五一] 見其制作之禮，知其政之可以致大平也。聽聞其《雅》《頌》之樂，而知其德之可與文武同也。《春秋外傳》曰"五聲昭德"，言五音之樂聲可以明德也。從孔子後百世，上推等其德於前百世之聖王，無能違離孔子道者。自從生民以來，未有能備若孔子也。

[五二] 垤，蟻封也。行潦，道旁流潦也。萃，聚也。有若以爲萬類之中，各有殊異。至於人類卓絕，未有盛美過於孔子者也。若三子之言孔子，則所以異於伯夷、伊尹也。夫聖人之道，同符合契，前聖後聖，其揆一也，不得相踰。云生民以來無有者，此三人皆孔子弟子，緣孔子聖德高美，而盛稱之也。孟子知其言大過，故貶謂之汙下，但不以無爲有耳。因事則襃，辭在其中矣，亦以明師徒之義得相襃揚也。《章指》言：義以行勇，則不動心；養氣順道，無效宋人。聖人量時，賢者道偏。是以孟子究言情理而歸之學孔子也。

(三·三)

孟子曰："以力假仁者霸，霸必有大國。以德行仁者王,王不待大,湯以七十里,文王以百里。[一]以力服人者,非心服也,力不贍也。以德服人者,中心悅而誠服也,如七十子之服孔子也。[二]《詩》云'自西自東,自南自北,無思不服',此之謂也。"[三]

[一]言霸者以大國之力,假仁義之道,然後能霸,若齊桓、晉文等是也。以己之德,行仁政於民,小國則可以致王,若湯、文王是也。

[二]贍,足也。以己力不足而往服就於人,非心服也。以己德不如彼而往服從之,誠心服者也。如顏淵、子貢等之服於仲尼,心服者也。

[三]《詩》,《大雅·文王有聲》之篇。言從四方來者,無思不服武王之德,此亦心服之謂也。《章指》言:王者任德,霸者兼力,力服心服,優劣不同,故曰遠人不服,脩文德以懷之。

(三·四)

孟子曰:"仁則榮,不仁則辱。今惡辱而居不仁,是猶惡濕而居下也。[一]如惡之,莫如貴德而尊士,賢者在位,能者在職,[二]國家閒暇,及是時明其政刑,雖大國必畏之矣。[三]《詩》云:'迨天之未陰雨,徹彼桑土,綢繆牖户。今此下民,或敢侮予。'孔子曰:'為此詩者,其知道乎?能治其國家,誰敢侮之。'[四]今國家閒暇,及是時,般樂怠敖,是自求禍也。禍福無不自己求之者。[五]《詩》云:'永言配命,自求多福。'[六]《大甲》曰:'天作孽,猶可違。自作孽,不可活。'此之謂也。"[七]

［一］行仁政則國昌而民安，得其榮樂。行不仁則國破民殘，蒙其恥辱。惡辱而不行仁，譬猶惡濕而居埤下近水泉之地也。

［二］諸侯如惡辱之來，則當貴德以治身，尊士以敬人，使賢者居位，官得其人，能者居職，人任其事也。

［三］及無鄰國之虞，以是閒暇之時，明脩其政教，審其刑罰，雖天下大國，必來畏服。

［四］《詩》，邠國《鴟鴞》之篇。迨，及。徹，取也。桑土，桑根也。言此鴟鴞小鳥，尚知及天未陰雨而取桑根之皮，以纏綿牖戶。人君能治國家，誰敢侮之。刺邠君曾不如此鳥。孔子善之，故謂此詩知道也。

［五］般，大也。孟子傷今時之君，國家適有閒暇，且以大作樂，怠惰敖遊，不脩政刑，是以見侵而不能距，皆自求禍者也。

［六］《詩》，《大雅·文王》之篇。永，長。言，我也。長我周家之命，配當善道，皆內自求責，故有多福也。

［七］殷王大甲，言天之妖孽，尚可違避，譬若高宗雊雉，宋景守心之變，皆可以德消去也。自己作孽者，若帝乙慢神震死，是爲不可活也。《章指》言：國必脩政，君必行仁。禍福由己，不專在天。言當防患於未亂也。

（三·五）

孟子曰："尊賢使能，俊傑在位，則天下之士皆悅，而願立於其朝矣。[一] 市廛而不征，法而不廛，則天下之商皆悅而願藏於其市矣。[二] 關譏而不征，則天下之旅皆悅而願出於其路矣。[三] 耕者助而不稅，則天下之農皆悅而願耕於其野矣。[四] 廛無夫里之布，則天下之民皆悅而願爲之氓矣。[五] 信能行此五者，則鄰國之民仰之若父母矣。率其子弟，攻其父

母，自有生民以來，未有能濟者也。[六]如此，則無敵於天下。無敵於天下者，天吏也，然而不王者，未之有也。"[七]

[一] 俊，美才出衆者也。萬人者稱傑。

[二] 廛，市宅也。古者無征，衰世征之。《王制》曰："市廛而不稅。"《周禮·載師》曰："國宅無征。"法而不廛者，當以什一之法征其地耳，不當征其廛宅也。

[三] 言古之設關，但譏禁異言、識異服耳，不征稅出入者也，故《王制》曰"古者關譏而不征"。《周禮·大宰》曰"九賦，七曰關市之賦"，《司關》曰"國凶札，則無關門之征，猶譏"。《王制》謂文王以前也，文王治岐，關譏而不征。《周禮》有征者，謂周公以來。孟子欲令復古去征，使天下行旅悦之也。

[四] 助者，井田什一，助佐公家治公田，不橫稅賦，若履畝之類。

[五] 里，居也。布，錢也。夫，一夫也。《周禮·載師》曰："宅不毛者有里布，田不耕者出屋粟。凡民無職事者，出夫家之征。"孟子欲使寬獨夫去里布，則人皆樂爲之民矣。氓，民也。

[六] 今諸侯誠能行此五事，四鄰之民，仰望而愛之如父母矣。鄰國之君，欲將其民來伐之，譬若率勉人子弟，使自攻其父母。生民以來，何能以此濟成其所欲者也。

[七] 言諸侯所行能如此者，何敵之有，是爲天吏。天吏者，天使也。爲政當爲天所使，誅伐無道，故謂之天吏也。《章指》言：脩古之道，鄰國之民，以爲父母；行今之政，自己之民，不得而子。是故衆夫擾擾，非所常有，命曰天吏，明天所使也。

(三·六)

孟子曰："人皆有不忍人之心，[一]先王有不忍人之心，斯有不忍人之政矣。以不忍人之心，行不忍人之政，治天下可運之掌上。[二] 所以謂人皆有不忍人之心者，今人乍見孺子將入於井，皆有怵惕惻隱之心，非所以內交於孺子之父母也，非所以要譽於鄉黨朋友也，非惡其聲而然也。[三] 由是觀之，無惻隱之心，非人也；無羞惡之心，非人也；無辭讓之心，非人也；無是非之心，非人也。[四] 惻隱之心，仁之端也；羞惡之心，義之端也；辭讓之心，禮之端也；是非之心，智之端也。[五] 人之有是四端也，猶其有四體也。有是四端，而自謂不能者，自賊者也。[六] 謂其君不能者，賊其君者也。[七] 凡有四端於我者，知皆擴而充之矣，若火之始然，泉之始達。苟能充之，足以保四海；苟不充之，不足以事父母。"[八]

[一] 言人人皆有不忍加惡於人之心也。

[二] 先聖王推不忍害人之心，以行不忍傷民之政，以是治天下，易於轉丸於掌上也。

[三] 乍，暫也。孺子，未有知小子也。所以言人皆有是心，凡人暫見小小孺子將入井，賢愚皆有驚駭之情，情發於中，非爲其人也，非惡有不仁之聲名，故怵惕也。

[四] 言無此四者，當若禽獸，非人心耳。爲人則有之矣。凡人但不能演用爲行耳。

[五] 端者，首也。人皆有仁義禮智之首，可引用之。

[六] 自謂不能爲善，自賊害其性，使不爲善也。

[七] 謂君不能爲善而不匡正者，賊其君使陷惡也。

[八] 擴，廓也。凡有端在於我者，知皆廓而充大之，若水火之始微小，廣大之則無所不至，以喻人之四端也。人誠能充大

之，可保安四海之民；誠不充大之，内不足以事父母，言無仁義禮智，何以事父母也。《章指》言：人之行當内求諸己，以演大四端，充廣其道，上以匡君，下以榮身也。

(三·七)

孟子曰："矢人豈不仁於函人哉！矢人惟恐不傷人，函人惟恐傷人。巫、匠亦然，故術不可不慎也。[一] 孔子曰：'里仁爲美，擇不處仁，焉得智？'[二] 夫仁，天之尊爵也，人之安宅也，莫之禦而不仁，是不智也。[三] 不仁不智，無禮無義，人役也。[四] 人役而恥爲役，由弓人而恥爲弓，矢人而恥爲矢也。[五] 如恥之，莫如爲仁。[六] 仁者如射，射者正己而後發，發而不中，不怨勝己者，反求諸己而已矣。"[七]

[一] 矢，箭也。函，鎧也。《周禮》曰："函人爲甲。"作箭之人，其性非獨不仁於作鎧之人也，術使之然。巫欲祝活人。匠，梓匠，作棺欲其蚤售，利在於人死也。故治術當慎，脩其善者也。

[二] 里，居也。仁，最其美者也。夫簡擇不處仁，爲不智。

[三] 爲仁則可以長天下，故曰天所以假人尊爵也。居之則安，無止之者，而人不能知入是仁道者，何得爲智乎。

[四] 若此，爲人所役者也。

[五] 治其事而恥其業者，惑也。

[六] 如其恥爲人役而爲仁，仁則不爲役也。

[七] 以射喻人爲仁，不得其報，當反責己仁恩之未至。《章指》言：各治其術，術有善惡；禍福之來，隨行而作。恥爲人役，不

若居仁。治術之忌，勿爲矢人也。

(三·八)

孟子曰："子路，人告之以有過則喜，禹聞善言則拜。[一]大舜有大焉，善與人同，舍己從人，樂取於人以爲善，[二]自耕稼陶漁以至爲帝，無非取於人者。取諸人以爲善，是與人爲善者也。故君子莫大乎與人爲善。"[三]

[一] 子路樂聞其過，過而能改也。《尚書》曰："禹拜讜言。"
[二] 大舜，虞也。孔子稱曰"巍巍"，故言大舜有大焉，能舍己從人，故爲大也，於子路與禹同者也。
[三] 舜從耕於歷山及其陶漁，皆取人之善謀而從之，故曰莫大乎與人爲善。《章指》言：大聖之君，由采善於人，故曰計及下者無遺策，舉及衆者無廢功也。

(三·九)

孟子曰："伯夷，非其君不事，非其友不友，不立於惡人之朝，不與惡人言。立於惡人之朝，與惡人言，如以朝衣朝冠坐於塗炭。推惡惡之心，思與鄉人立，其冠不正，望望然去之，若將浼焉。[一]是故諸侯雖有善其辭命而至者，不受也。不受也者，是亦不屑就已。[二]柳下惠，不羞汙君，不卑小官，進不隱賢，必以其道；遺佚而不怨，阨窮而不憫。故曰：'爾爲爾，我爲我，雖袒裼裸裎於我側，爾焉能浼我哉？'[三]故由由然與之偕而不自失焉，援而止之而止。援而止之而止者，是亦不屑去已。"[四]

孟子曰："伯夷隘，柳下惠不恭。隘與不恭，君子不由

也。"[五]

[一] 伯夷，孤竹君之長子，讓國而隱居者也。塗，泥。炭，墨也。浼，汙也。思，念也。與鄉人立，見其冠不正。望望代之〔一〕，慚愧之貌也。去之，恐其汙己也。

[二] 屑，絜也。《詩》云："不我屑已。"伯夷不絜諸侯之行，故不忍就見也。殷之末世，諸侯多不義，故不就之，後乃歸西伯也。

[三] 柳下惠，魯公族大夫也。姓展，名禽，字季，柳下是其號也。進不隱己之賢才，必欲行其道也。憫，憐也。云善己而已，惡人何能汙我也。

[四] 由由，浩然之貌。不憚與惡人同朝並立。偕，俱也。與之儷行於朝何傷？但不失己之正心而已耳。援而止之，謂三絀不慚去也。是柳下惠不以去爲絜也。

[五] 伯夷隘，懼人之汙來及己，故無所含容，言其大隘狹也。柳下惠輕忽時人，禽獸畜之，無欲彈正之心，言其大不恭敬也。聖人之道，不取於此，故曰君子不由也。先言二人之行，孟子乃平之。《章指》言：伯夷、柳下惠，古之大賢，猶有所闕。介者必偏，中和爲貴。純聖能終〔二〕，君子所由，堯舜是尊。

〔一〕 望望代之　此四字《天祿琳琅》本作"望望去之"。
〔二〕 純聖能終　"終"，《天祿琳琅》本作"然"。

孟子卷第四

公孫丑章句下

(四·一)

孟子曰:"天時不如地利,地利不如人和。三里之城,七里之郭,環而攻之而不勝。夫環而攻之,必有得天時者矣,然而不勝者,是天時不如地利也。[一]城非不高也,池非不深也,兵革非不堅利也,米粟非不多也,委而去之,是地利不如人和也。[二]故曰域民不以封疆之界,固國不以山谿之險,威天下不以兵革之利。[三]得道者多助,失道者寡助。寡助之至,親戚畔之;多助之至,天下順之。以天下之所順,攻親戚之所畔,故君子有不戰,戰必勝矣。"[四]

[一] 天時謂時日、支干、五行、王相、孤虛之屬也。地利,險阻、城池之固也。人和,得民心之所和樂也。環城圍之,必有得天時之善處者,然而城有不下,是不如地利。

[二] 有堅強如此,而破之走者,不得民心,民不為守。衛懿公之民曰:"君其使鶴戰。"若是之類也。

[三] 域民,居民也。不以封疆之界禁之,使民懷德也。不依險阻之固,恃仁惠也。不馮兵革之威,仗道德也。

[四] 得道之君,何嚮不平。君子之道,貴不戰耳。如其當戰,戰則勝矣。《章指》言:民和為貴,貴於天地,故曰得乎丘民為天子也。

(四·二)

孟子將朝王,王使人來曰:"寡人如就見者也,有寒

疾，不可以風，朝將視朝，不識可使寡人得見乎？"[一]

對曰："不幸而有疾，不能造朝。"[二]

明日，出弔於東郭氏。公孫丑曰："昔者辭以病，今日弔，或者不可乎？"[三]

曰："昔者疾，今日愈，如之何不弔？"[四]

王使人問疾，醫來。[五]

孟仲子對曰："昔者有王命，有采薪之憂，不能造朝。今病小愈，趨造於朝，我不識能至否乎？"[六]

使數人要於路曰："請必無歸而造於朝。"[七]

不得已，而之景丑氏宿焉。[八]

景子曰："內則父子，外則君臣，人之大倫也。父子主恩，君臣主敬。丑見王之敬子也，未見所以敬王也。"[九]

曰："惡！是何言也！齊人無以仁義與王言者，豈以仁義爲不美也？其心曰'是何足與言仁義也'云爾，則不敬莫大乎是。[一〇]我非堯舜之道不敢以陳於王前，故齊人莫如我敬王也。"[一一]

景子曰："否，非此之謂也。《禮》曰'父召無諾'，'君命召不俟駕'。固將朝也，聞王命而遂不果，宜與夫《禮》若不相似然。"[一二]

曰："豈謂是與？曾子曰：'晉楚之富，不可及也。彼以其富，我以吾仁；彼以其爵，我以吾義。吾何慊乎哉？'夫豈不義而曾子言之？是或一道也。[一三]天下有達尊三：爵一，齒一，德一。朝廷莫如爵，鄉黨莫如齒，輔世長民莫如德。惡得有其一以慢其二哉？[一四]故將大有爲之君，必有所不召之臣，欲有謀焉，則就之，其尊德樂道，不如是不足與有爲也。[一五]故湯之於伊尹，學焉而後臣之，故不勞而王。桓公之於管仲，學焉而後臣之，故不勞而霸。[一六] 今天下地醜德齊，莫能相尚，無他，好臣其所教，而不好臣其所受教。[一七] 湯之於伊尹，桓公之於管仲，則不敢召。管仲且猶不可召，而況不爲管仲者乎？"[一八]

[一] 孟子雖仕齊，處師賓之位，以道見敬，或稱以病，未嘗趨朝而拜也。王欲見之，先朝使人往謂孟子云：寡人如就見者，若言就孟子之館相見也。有惡寒之病，不可見風，儻可來朝，欲力疾臨視朝，因得見孟子也，不知可使寡人得相見否。

[二] 孟子不悦王之欲使朝，故稱有疾。

[三] 東郭氏，齊大夫家也。昔者，昨日也。丑以爲不可。

[四] 孟子言我昨日病，今日愈，我何爲不可以弔。

[五] 王以孟子實病，遣人將醫來，且問疾也。

[六] 孟仲子，孟子之從昆弟學於孟子者也。權辭以對如此。憂，病也。《曲禮》云："有負薪之憂。"

[七] 仲子使數人要告孟子，君命宜敬，當必造朝也。

[八] 孟子迫於仲子之言，不得已，而心不欲至朝，因之其所知齊大夫景丑之家而宿焉。具以語景子。

[九] 景丑責孟子不敬，何義也。

[一〇] 曰惡者，深嗟歎。云景子之責我何言乎？今人皆謂王無知，不足與言仁義。云爾，絕語之辭也。人之不敬，無大於是者也。

[一一] 孟子言我每見王，常陳堯舜之道以勸勉王。齊人豈有如我敬王者邪。

[一二] 景子曰：非謂不陳堯舜之道，謂爲臣固自當朝也。今有王命而不果行。果，能也。《禮》：父召無諾而不至也。君命

召,輦車就牧,不坐待駕。而夫子若是,事宜與夫《禮》若不相似然乎?愚竊惑焉。

[一三] 孟子答景丑云:我豈謂是君臣召呼之間乎。謂王不禮賢下士,故道曾子之言,自以不慊晉楚之君。慊,少也。曾子豈嘗言不義之事邪?是或者自得道之一義,欲以喻王猶晉楚,我猶曾子,我豈輕於王乎〔一〕。

[一四] 三者,天下之所通尊也。孟子謂賢者、長者,有德有齒,人君無德但有爵耳,故云何得以一慢二乎?

[一五] 言古之大聖大賢有所興爲之君,必就大賢臣而謀事,不敢召也。王者師臣,霸者友臣也。

[一六] 言師臣者王。桓公能師臣,而管仲不勉之於王,故孟子於上章陳其義,譏其功烈之卑也。

[一七] 醜,類也。言今天下之人君,土地相類,德教齊等,不能相絕者,無他,但好臣其所教敕役使之才,可驕者耳。不能好臣大賢可從受教者。

[一八] 孟子自謂不爲管仲,故非齊王之召己,己是以不往也。《章指》言:人君以尊德樂義爲賢,君子以守道不回爲志。

(四·三)

陳臻問曰:"前日於齊,王餽兼金一百而不受;於宋,餽七十鎰而受;於薛,餽五十鎰而受。前日之不受是,則今日之受非也;今日之受是,則前日之不受非也。夫子必居一於此矣。"〔一〕

孟子曰:"皆是也。當在宋也,予將有遠行,行者必以

〔一〕 我豈輕於王乎 "豈",底本作"臣",據《天祿琳琅》本改。

贐，辭曰'餽贐'，予何爲不受？[二]當在薛也，予有戒心，辭曰'聞戒'，故爲兵餽之，予何爲不受？[三]若於齊，則未有處也。無處而餽之，是貨之也。焉有君子而可以貨取乎？"[四]

[一] 陳臻，孟子弟子。兼金，好金也，其價兼倍於常者，故謂之兼金。一百，百鎰也。古者以一鎰爲一金，鎰二十兩。

[二] 贐，送。行者贈賄之禮也，時人謂之贐。

[三] 戒，有戒備不虞之心也。時有惡人欲害孟子，孟子戒備。薛君曰聞有戒，此金可鬻以作兵備，故餽之。我何爲不受也？

[四] 我在齊時無事，於義未有所處也。義無所處而餽之，是以貨財取我，欲使我懷惠也。安有君子而可以貨財見取乎。《章指》言：取與之道，必得其禮。於其可也，雖少不辭，義之無處，兼金不顧。

(四·四)

孟子之平陸，謂其大夫曰："子之持戟之士，一日而三失伍，則去之否乎？"[一]

曰："不待三。"[二]

"然則子之失伍也亦多矣。凶年飢歲，子之民老羸轉於溝壑，壯者散而之四方者幾千人矣。"[三]

曰："此非距心之所得爲也。"[四]

曰："今有受人之牛羊而爲之牧之者，則必爲之求牧與芻矣。求牧與芻而不得，則反諸其人乎？抑亦立而視其死與？"[五]

曰："此則距心之罪也。"[六]

他日，見於王曰："王之爲都者，臣知五人焉。知其罪者，惟孔距心。"爲王誦之。

王曰："此則寡人之罪也。"[七]

［一］平陸，齊下邑也。大夫，治邑大夫也。持戟，戰士也。一日三失其行伍，則去之否乎？去之，殺之也。戎昭果毅。

［二］大夫曰：一失之則行罰，不及待三失伍也。

［三］轉，轉尸於溝壑也。此則子之失伍也。

［四］距心，大夫名。曰：此乃齊王之大政，不肯賑窮，非我所得專爲也。

［五］牧，牧地。以此喻距心不得自專，何不致爲臣而去乎？何爲立視民之死也？

［六］距心自知以不去位爲罪者也。

［七］孔，姓也。爲都，治都也。邑有先君之宗廟曰都。誦，言也。爲王言所與孔距心語者也。王知本之在己，故受其罪。《章指》言：人臣以道事君，否則奉身以退。《詩》云："彼君子兮，不素餐兮。"言不尸其祿也。

(四·五)

孟子謂蚳鼃曰："子之辭靈丘而請士師，似也，爲其可以言也。今既數月矣，未可以言與？"[一]

蚳鼃諫於王而不用，致爲臣而去。[二]

齊人曰："所以爲蚳鼃則善矣，所以自爲則吾不知也。"[三]

公都子以告。[四]

曰："吾聞之也，有官守者，不得其職則去。有言責者，不得其言則去。我無官守，我無言責也，則吾進退豈

不綽綽然有餘裕哉!"〔五〕

〔一〕蚳鼃,齊大夫。靈丘,齊下邑。士師,治獄官也。《周禮·士師》曰:"以五戒先後刑罰,毋使罪麗於民。"孟子見蚳鼃辭外邑大夫,請爲士師,知其欲近王,似諫正刑罰之不中者。數月而不言,故曰未可以言與?以感責之也。

〔二〕三諫不用,致仕而去。

〔三〕齊人論者譏孟子爲蚳鼃謀〔一〕,使之諫而去,則善矣。不知自諫又不去,故曰我不見其自爲謀者。

〔四〕公都子,孟子弟子。以齊人語告孟子也。

〔五〕官守,居官守職者。言責,獻言之責,諫爭之官也。孟子言:人臣居官不得守其職諫正君不見納者,皆當致仕而去〔二〕,今我居師賓之位,進退自由,豈不綽綽然舒緩有餘裕乎!綽、裕,皆寬也。《章指》言:執職者劣,藉道者優,是以臧武仲雨行而不息,段干木偃寢而式閭。

(四·六)

孟子爲卿於齊,出弔於滕,王使蓋大夫王驩爲輔行。王驩朝暮見,反齊滕之路,未嘗與之言行事也。〔一〕

公孫丑曰:"齊卿之位,不爲小矣。齊滕之路,不爲近矣。反之而未嘗與言行事,何也?"〔二〕

曰:"夫既或治之,予何言哉!"〔三〕

〔一〕齊人論者譏孟子爲蚳鼃謀 "謀",底本作"諫",據《天禄琳琅》本改。

〔二〕人臣居官……當致仕而去 "人臣居官……當致仕而",底本無,據《天禄琳琅》本補。

［一］孟子嘗爲齊卿，出弔滕君，蓋齊下邑也。王以治蓋之大夫王驩爲輔行。輔，副使也。王驩，齊之諂人，有寵於王，後爲右師。孟子不悅其爲人，雖與同使而行，未嘗與之言行事，不願與之相比也。

［二］丑怪孟子不與驩議行事也。

［三］既，已也。或，有也。孟子曰：夫人既自謂有治行事，我將復何言哉。言其專知自善，不知諮於人也。《章指》言：道不合者，不相與言。王驩之操，與孟子殊。君子處時，危行言遜，故不尤之，但不與言。至於公行之喪，以禮爲解也。

(四·七)

孟子自齊葬於魯，反於齊，止於嬴。

充虞請曰："前日不知虞之不肖，使虞敦匠，事嚴，虞不敢請。今願竊有請也：木若以美然。"［一］

曰："古者棺椁無度。中古，棺七寸，椁稱之。自天子達於庶人，非直爲觀美也，然後盡於人心。［二］不得不可以爲悅，無財不可以爲悅，得之爲有財，古之人皆用之，吾何爲獨不然？［三］且比化者，無使土親膚，於人心獨無恔乎？［四］吾聞之，君子不以天下儉其親。"［五］

［一］孟子仕於齊，喪母，歸葬於魯。嬴，齊南邑。充虞，孟子弟子。敦匠，厚作棺也。事嚴，喪事急。木若以泰美然也。

［二］孟子言古者棺椁薄厚無尺寸之度。中古，謂周公制禮以來，棺厚七寸，椁薄於棺，厚薄相稱相得也。從天子至於庶人，厚薄皆然，但重累之數，牆翣之飾有異，非直爲人觀視之美好也。厚者難腐朽，然後能盡於人心所不忍也。謂一世之

厚[一],孝子更去辟世,是爲人盡心也。過是以往,變化自其理也。

[三] 悦者,孝子之欲厚送親,得之則悦也。王制所禁,不得用之,不可以悦心也。無財以供,則度而用之。禮:喪事不外求,不可稱貸而爲悦也。禮得用之,財足備之,古人皆用之,我何爲獨不然。然,如是也。

[四] 佼,快也。棺椁敦厚,比親體之變化,且無令土親肌膚,於人子之心,獨不快然無所恨也。

[五] 我聞君子之道,不以天下人所得用之物儉約於其親,言事親竭其力者也。《章指》言:孝必盡心,匪禮之踰,《論語》曰:"生事之以禮,死葬之以禮,可謂孝矣。"

(四·八)

沈同以其私問曰:"燕可伐與?"

孟子曰:"可。子噲不得與人燕,子之不得受燕於子噲。[一]有仕於此,而子悦之,不告於王而私與之吾子之禄爵,夫士也,亦無王命而私受之於子,則可乎?何以異於是!"[二]

齊人伐燕。[三]

或問曰:"勸齊伐燕,有諸?"[四]

曰:"未也。沈同問燕可伐與?吾應之曰可。彼然而伐之也。[五]彼如曰:孰可以伐之?則將應之曰:爲天吏,則可以伐之。[六]今有殺人者,或問之曰:人可殺與?則將應之曰:可。彼如曰:孰可以殺之?則將應之曰:爲士師則

[一] 謂一世之厚 "厚",《天禄琳琅》本、阮刻本作"後"。

可以殺之。今以燕伐燕，何爲勸之哉？"〔七〕

〔一〕沈同，齊大臣。自以其私情問，非王命也，故曰私。子噲，燕王也。子之，燕相也。孟子曰可者，以子噲不以天子之命而擅以國與子之，子之亦不受天子之命而私受國於子噲，故曰其罪可伐。

〔二〕子謂沈同也。孟子設此，以譬燕王之罪。

〔三〕沈同以孟子言可，因歸勸其王伐燕。

〔四〕有人問孟子勸齊王伐燕，有之？

〔五〕孟子曰：我未勸王也，同問可伐乎？吾曰可，彼然而伐之。

〔六〕彼如將問我曰：誰可以伐之？我將曰：爲天吏則可以伐之。天吏，天所使，謂王者得天意者也。彼不復問孰可〔一〕，便自往伐之。

〔七〕今有殺人者，問此人可殺否？將應之曰：可。爲士官主獄則可以殺之矣。言燕雖有罪，猶當王者誅之耳。譬如殺人者雖當死，士師乃得殺之耳。今齊國之政猶燕政也，不能相踰，又非天吏也，我何爲當勸齊伐燕乎？《章指》言：誅不義者，必須聖賢，禮樂征伐自天子出，王道之正也。

(四·九)

燕人畔。王曰："吾甚慚於孟子。"〔一〕
陳賈曰："王無患焉。王自以爲與周公孰仁且智？"〔二〕
王曰："惡，是何言也？"〔三〕
曰："周公使管叔監殷，管叔以殷畔。知而使之，是不

─────────
〔一〕彼不復問孰可 "問"，底本無，據《天祿琳琅》本、阮刻本補。

仁也；不知而使之，是不智也。仁、智，周公未之盡也，而況於王乎？賈請見而解之。"［四］

見孟子，問曰："周公何人也？"［五］

曰："古聖人也。"［六］

曰："使管叔監殷，管叔以殷畔也，有諸？"［七］

曰："然。"［八］

曰："周公知其將畔而使之與？"［九］

曰："不知也。"［一〇］

"然則聖人且有過與？"［一一］

曰："周公弟也，管叔兄也，周公之過，不亦宜乎？［一二］且古之君子，過則改之；今之君子，過則順之。古之君子，其過也如日月之食，民皆見之，及其更也，民皆仰之；今之君子，豈徒順之，又從爲之辭。"［一三］

［一］燕人畔，不肯歸齊。齊王聞孟子與沈同言爲未勸王，今竟不能有燕，故慚之。

［二］陳賈，齊大夫也。問王曰：自視何如周公仁智乎？欲爲王解孟子意，故曰王無患焉。

［三］王嘆曰：是何言。言周公何可及也。

［四］賈欲以此說孟子也。

［五］賈問之也。

［六］孟子曰：周公，古之聖人也。

［七］賈問有之否乎？

［八］孟子曰：如是也。

［九］賈問之也。

［一〇］孟子曰：周公不知其將畔。

［一一］過，謬也。贊曰：聖人且猶有謬誤。

［一二］孟子以爲周公雖知管叔不賢，亦不必知其將畔，周公惟管叔弟也，故愛之。管叔念周公兄也，故望之。親親之恩也，周公於此過謬，不亦宜乎。

［一三］古之所謂君子，真聖人、賢人、君子也。周公雖有此過，乃誅三監，作《大誥》，明敕庶國，是周公改之也。今之所謂君子，非真君子也，順過飾非，就爲之辭。孟子言此，以譏賈不能匡君，而欲以辭解之。《章指》言：聖人親親，不文其過。小人順非，以諂其上也。

(四·十)

孟子致爲臣而歸。[一] 王就見孟子，曰："前日願見而不可得，[二] 得侍同朝，甚喜。[三] 今又棄寡人而歸，[四] 不識可以繼此而得見乎？"[五]

對曰："不敢請耳，固所願也。"[六]

他日，王謂時子曰："我欲中國而授孟子室，養弟子以萬鍾，使諸大夫、國人皆有所矜式，子盍爲我言之？"[七]

時子因陳子而以告孟子，[八] 陳子以時子之言告孟子。

孟子曰："然。夫時子惡知其不可也？如使予欲富，辭十萬而受萬，是爲欲富乎？[九] 季孫曰：'異哉！子叔疑。[一〇] 使己爲政，不用，則亦已矣，又使其子弟爲卿。人亦孰不欲富貴？而獨於富貴之中，有私龍斷焉。'[一一] 古之爲市也，以其所有易其所無者，有司者治之耳。有賤丈夫焉，必求龍斷而登之，以左右望而罔市利，人皆以爲賤，故從而征之。征商自此賤丈夫始矣。"[一二]

[一] 辭齊卿而歸其室也。

[二] 謂未來仕齊也。遙聞孟子之賢，而不能得見之。

[三] 來就爲卿，君臣同朝，得相見，故喜也。

[四] 今致爲臣，棄寡人而歸。

[五] 不知可以續今日之後，還使寡人得相見否？

[六] 孟子對王，言不敢自請耳，固心之所願也。孟子意欲使王繼今當自來謀也。

[七] 時子，齊臣也。王欲於國中央爲孟子築室，使養教一國君臣之子弟，與之萬鍾之祿。中國者，使學者遠近鈞也。矜，敬也。式，法也。欲使諸大夫、國人皆敬法其道。盍，何不也。謂時子何不爲我言之於孟子，知肯就之否？

[八] 陳子，孟子弟子陳臻也。

[九] 孟子曰：如是，夫時子安能知其不可乎？時子以我爲欲富，故以祿誘我，我往者享十萬鍾之祿，以大道不行，故去耳。今更當受萬鍾，是爲欲富乎？距時子之言也。

[一〇] 二子，孟子弟子也。季孫知孟子意不欲，而心欲使孟子就之，故曰：異哉，弟子之所聞也。子叔心疑，亦以爲可就矣。

[一一] 孟子解二子之異意疑心。曰：齊王使我爲政，不用，則亦自止矣。今又欲以其子弟故，使我爲卿，而與我萬鍾之祿。人亦誰不欲富貴乎？是猶獨於富貴之中，有此私登龍斷之類也，我則恥之。

[一二] 古者市置有司，但治其爭訟，不征稅也。賤丈夫，貪人可賤者也。入市則求龍斷而登之。龍斷，謂堁斷而高者也。左右占望，見市中有利，罔羅而取之，人皆賤其貪也，故就征取其利。後世緣此，遂征商人。孟子言我苟貪萬鍾，不恥屈道，亦與此賤丈夫何異也。古者，謂周公以前，《周禮》

有關市之賦也。《章指》言：君子正身行道，道之不行，命也。不爲利回，創業可繼，是以君子以龍斷之人爲惡戒也。

(四・十一)

孟子去齊，宿於晝。有欲爲王留行者，[一]坐而言，不應，隱几而臥。[二]

客不悅，曰："弟子齊宿而後敢言，夫子臥而不聽，請勿復敢見矣。"[三]

曰："坐！我明語子：[四]昔者魯繆公無人乎子思之側，則不能安子思；泄柳、申詳無人乎繆公之側，則不能安其身。[五]子爲長者慮，而不及子思。子絶長者乎？長者絶子乎？"[六]

[一] 晝，齊西南近邑也。孟子去齊欲歸鄒，至晝地而宿也。齊人之知孟子者，追送見之，欲爲王留孟子之行。

[二] 客危坐而言留孟子之言也，孟子不應答，因隱倚其几而臥也。

[三] 齊，敬。宿，素也。弟子素持敬心來言，夫子慢我，不受我言。言而遂起，退欲去，請絕也。

[四] 孟子止客曰：且坐，我明告語子。

[五] 往者魯繆公尊禮子思，子思以道不行則欲去。繆公常使賢人往留之，説以方且聽子爲政，然則子思復留。泄柳、申詳亦賢者也，繆公尊之不如子思，二子常有賢者在繆公之側勸以復之，其身乃安也。

[六] 長者，老者也。孟子年老，故自稱長者。言子爲我慮，不如子思時賢人也，不勸王使我得行道，而但勸我留，留者何爲哉？此爲子絶我乎？又我絶子乎？何爲而慍恨也。《章指》言：

惟賢能安賢，智能知微，以愚喻智，道之所以乖也。

(四·十二)

孟子去齊。尹士語人曰："不識王之不可以爲湯武，則是不明也。識其不可，然且至，則是干澤也。千里而見王，不遇故去，三宿而後出晝，是何濡滯也！士則兹不悦。"[一]

高子以告。[二]

曰："夫尹士惡知予哉？千里而見王，是予所欲也。不遇故去，豈予所欲哉！予不得已也。[三]予三宿而出晝，於予心猶以爲速，王庶幾改之。王如改諸，則必反予。[四]夫出晝而王不予追也，予然後浩然有歸志。[五]予雖然，豈舍王哉？王由足用爲善，王如用予，則豈徒齊民安？天下之民舉安。王庶幾改之，予日望之。[六]予豈若是小丈夫然哉！諫於其君而不受，則怒，悻悻然見於其面，去則窮日之力而後宿哉！"[七]

尹士聞之，曰："士誠小人也！"[八]

[一] 尹士，齊人也。干，求也。澤，祿也。尹士與論者言之，云孟子不知，則爲求祿。濡滯，猶稽也。既去，近留於晝三日，怪其猶久，故云士於此事不悦也。

[二] 高子亦齊人，孟子弟子，以尹士之言告孟子也。

[三] 孟子曰夫尹士安能知我哉？我不得已而去耳，何汲汲而驅馳乎！

[四] 我自謂行速疾矣，冀王庶幾能反覆招還我矣。

[五] 浩然，心浩浩有遠志。

[六] 孟子以齊大國，知其可以行善政，故戀戀望王之改而反之，

是以安行也。豈徒齊民安，言君子達則兼善天下也。

［七］我豈若狷急小丈夫，恚怒其君而去，極日力而宿，懼其不遠者哉。《論》曰："悻悻然小人哉。"言己志大，在於濟一世之民，不爲小節也。

［八］尹士聞義則服。《章指》言：大德洋洋，介士察察，賢者志其大者，不賢者志其小者也，此之謂也。

(四·十三)

孟子去齊，充虞路問曰："夫子若有不豫色然。前日虞聞諸夫子曰：'君子不怨天，不尤人。'"［一］

曰："彼一時，此一時也。五百年必有王者興，其間必有名世者。由周而來，七百有餘歲矣，以其數則過矣，以其時考之，則可矣。［二］夫天未欲平治天下也，如欲平治天下，當今之世，舍我其誰也？吾何爲不豫哉。"［三］

［一］路，道也。於路中問也。充虞謂孟子去齊有恨心，顏色不悅也。

［二］彼前聖賢之出，是有時也，今此時亦是其一時也。五百年有王者興，有興王道者也。名世，次聖之才，物來能名，正一世者，生於聖人之間也。七百有餘歲，謂周家王迹始興，大王、文王以來，考驗其時，則可有也。

［三］孟子自謂能當名世之士，時又值之，而不得施。此乃天自未欲平治天下耳，非我之怨，我固不怨天，何爲不悅豫乎？《章指》言：聖賢興作，與天消息，天非人不因，人非天不成，是故知命者不憂不懼也。

(四·十四)

> 孟子去齊,居休。
> 公孫丑問曰:"仕而不受祿,古之道乎?"[一]
> 曰:"非也。於崇,吾得見王。退而有去志,不欲變,故不受也。[二]繼而有師命,不可以請;久於齊,非我志也。"[三]

[一] 休,地名。丑問古人之道,仕不受祿邪?怪孟子於齊不受祿也。

[二] 崇,齊地。孟子言不受祿,非古之道也。於崇,吾始得見齊王,知其不能納善。退出,志欲去矣。不欲即去,若爲變詭,見非泰甚,故且宿留。心欲去,故不復受祿。

[三] 言我本志欲速去,繼見之後,有師旅之命,不得請去,故使我久而不受祿耳。久,非我本志也。《章指》言:祿以食功,志以率事,無其事而食其祿,君子不由也。

孟子卷第五

滕文公章句上 [一]

(五·一)

　　滕文公爲世子，將之楚，過宋而見孟子。孟子道性善，言必稱堯舜。[二]
　　世子自楚反，復見孟子。[三] 孟子曰："世子疑吾言乎？夫道一而已矣。[四] 成覸謂齊景公曰：'彼丈夫也，我丈夫也，吾何畏彼哉？'[五] 顏淵曰：'舜何人也？予何人也？有爲者亦若是。'[六] 公明儀曰：'文王，我師也，周公豈欺我哉！'[七] 今滕絶長補短，將五十里也，猶可以爲善國。[八]《書》曰：'若藥不瞑眩，厥疾不瘳。'"[九]

[一] 滕文公者，滕，國名；文，謚也；公者，國人尊君之稱也。文公尊敬孟子，問以古道，若弟子之問師，故以題篇〔一〕。

[二] 文公爲世子，使於楚而過宋，孟子時在宋，與相見也。滕侯，周文王之後也。《古紀》《世本》錄諸侯之世，滕國有考公麋，與文公之父定公相直；其子元公弘，與文公相直。似後世避諱，改"考公"爲"定公"；以元公行文德，故謂之文公也。孟子與世子言人生皆有善性，但當充而用之耳；又言堯舜之治天下，不失仁義之道，欲勸勉世子也。

[三] 從楚還，復詣孟子，欲重受法則也。

[四] 世子疑吾言有不盡乎？天下之道，一言而已，惟有行善耳，復何疑也。

〔一〕 若弟子之問師故以題篇　此十字阮刻本作"猶衛靈公問陳於孔子《論語》因以題篇"。

［五］成覵，勇果者也。與景公言曰：尊貴者與我同丈夫耳，我亦能爲之，我何爲畏之哉。

［六］言欲有所爲，當若顏淵庶幾、成覵不畏，乃能有所成耳。又以是勉世子也。

［七］公明儀，賢者也。師文王，信周公，言其知所法則也。

［八］滕雖小，其境界長短相補，可得大五十里子男之國也，尚可以行善者也。

［九］《書》逸篇也。瞑眩，藥攻人疾，先使瞑眩憒亂，乃得瘳愈也。喻行仁當精熟，德惠乃洽也。《章指》言：人當上則聖人，秉仁行義，高山景行，庶幾不倦。《論語》曰"力行近仁"，蓋不虛云。

（五·二）

滕定公薨。世子謂然友曰："昔者孟子嘗與我言於宋，於心終不忘。今也不幸至於大故，吾欲使子問於孟子，然後行事。"［一］

然友之鄒，問於孟子。［二］

孟子曰："不亦善乎！親喪固所自盡也。［三］曾子曰：'生，事之以禮；死，葬之以禮，祭之以禮，可謂孝矣。'［四］諸侯之禮，吾未之學也。雖然，吾嘗聞之矣：三年之喪，齊疏之服，飦粥之食，自天子達於庶人，三代共之。"［五］

然友反命，定爲三年之喪。父兄百官皆不欲，曰："吾宗國魯先君莫之行，吾先君亦莫之行也。至於子之身而反之，不可。［六］且志曰：'喪祭從先祖。'曰：'吾有所受之也。'"［七］

謂然友曰："吾他日未嘗學問，好馳馬試劍。今也父兄

百官不我足也，恐其不能盡於大事，子爲我問孟子。"［八］

然友復之鄒問孟子。

孟子曰："然，不可以佗求者也。孔子曰：'君薨，聽於冢宰。歠粥，面深墨，即位而哭，百官有司莫敢不哀，先之也。'［九］上有好者，下必有甚焉者矣。君子之德，風也。小人之德，草也。草尚之風必偃。是在世子。"［一〇］

然友反命。

世子曰："然，是誠在我。"［一一］

五月居廬，未有命戒。百官族人可，謂曰知。［一二］及至葬，四方來觀之，顏色之戚，哭泣之哀，弔者大悅。［一三］

［一］定公，文公父也。然友，世子之傅也。大故，謂大喪。

［二］孟子歸在鄒也。

［三］不亦者，亦也。問此，亦其善也。

［四］曾子傳孔子之言。孟子欲令世子如曾子之從禮也。時諸侯皆不行禮，故使獨行之也。

［五］孟子言我雖不學諸侯之禮，嘗聞師言，三代以來，君臣皆行三年之喪。齋疏，齋縗也。飦，糜粥也。

［六］父兄百官，滕之同姓異姓諸臣也。皆不欲使世子行三年。滕魯同姓，俱出文王。魯，周公之後；滕，叔繡之後。敬聖人，故宗魯者也。

［七］父兄百官且復言也。志，記也，《周禮》小史掌邦國之志。曰喪祭之事，各從其先祖之法。言我轉有所承受之，不可於己身獨改更也。一說"吾有所受之"，世子言我受之於孟子也。

［八］父兄百官見我他日所行，謂我志行不足，似恐我不能盡大事之禮，故止我也。爲我問孟子，當何以服其心，使信我也。

[九] 孟子言如是，不可用他事求也。喪上哀，惟當以哀戚感之耳。國君薨，委政冢宰大臣，嗣君但盡哀情，歠粥不食，顏色深墨。深，甚也。墨，黑也。即喪位而哭，百官有司莫敢不哀者，以君先哀故也。

[一〇] 上之所欲，下以爲俗。尚，加也。偃，伏也。以風加草，莫不偃伏也。是在世子以身帥之也。

[一一] 世子聞之，知其在身，欲行之也。

[一二] 諸侯五月而葬，未葬，居倚廬於中門之内也。未有命戒，居喪不言也。異姓同姓之臣可謂曰知世子之能行禮也。

[一三] 四方諸侯之賓來弔會者，見世子之憔悴哀戚，大悅其孝行之高美也。《章指》言：事莫當於奉禮，孝莫大於哀慟。從善如流，文公之謂也。

(五·三)

滕文公問爲國。

孟子曰："民事不可緩也。[一]《詩》云：'晝爾于茅，宵爾索綯。亟其乘屋，其始播百穀。'[二] 民之爲道也，有恒產者有恒心，無恒產者無恒心。苟無恒心，放辟邪侈，無不爲已，及陷乎罪，然後從而刑之，是罔民也。焉有仁人在位，罔民而可爲也？[三] 是故賢君必恭儉禮下，取於民有制。[四] 陽虎曰：'爲富不仁矣，爲仁不富矣。'[五] 夏后氏五十而貢，殷人七十而助，周人百畝而徹，其實皆什一也。徹者，徹也。助者，藉也。[六] 龍子曰：'治地莫善於助，莫不善於貢。'貢者，校數歲之中以爲常。[七] 樂歲粒米狼戾，多取之而不爲虐，則寡取之。凶年糞其田而不足，則必取盈焉。[八] 爲民父母，使民盻盻然，將終歲勤動不得以養其父母，又稱貸而益之，使老稚轉乎溝壑，惡在其爲民父母也！[九]夫世祿，滕固行之矣。[一○]《詩》云：'雨我公田，遂及我私。'惟助爲有公田，由此觀之，雖周亦助也。[一一]設爲庠序學校以教之。[一二]庠者，養也。校者，教也。序者，射也。夏曰校，殷曰序，周曰庠，學則三代共之，皆所以明人倫也。[一三]人倫明於上，小民親於下，有王者起，必來取法，是爲王者師也。[一四]《詩》云：'周雖舊邦，其命惟新。'文王之謂也。子力行之，亦以新子之國。"[一五]

使畢戰問井地。[一六]

孟子曰："子之君將行仁政，選擇而使子，子必勉之！夫仁政必自經界始。經界不正，井地不鈞，穀祿不平。[一七]是故暴君汙吏必慢其經界。經界既正，分田制祿，可坐而定也。[一八]夫滕，壤地褊小，將爲君子焉，將爲野人焉；無君子莫治野人，無野人莫養君子。[一九]請野九一而助，國中什一使自賦。[二○]卿以下必有圭田，圭田五十畝，餘夫二十五畝。[二一]死徙無出鄉，[二二]鄉田同井，出入相友，守望相助，疾病相扶持，則百姓親睦。[二三]方里而井，井九百畝，其中爲公田。八家皆私百畝，同養公田。公事畢，然後敢治私事，所以別野人也。[二四]此其大略也。若夫潤澤之，則在君與子矣。"[二五]

[一] 問治國之道也。民事不可緩之使怠惰，當以政督趣，教以生產之務也。

[二]《詩》,《邠風·七月》之篇，言教民晝取茅草，夜索以爲綯。綯，絞也。及爾間暇，亟而乘蓋爾野外之屋，春事起，爾將始播百穀矣。言農民之事無休已。

[三] 義與上篇同。孟子既爲齊宣王言之，滕文公問，復爲究陳其義，故各自載之也。

[四] 古之賢君，身行恭儉，禮下大臣，賦取於民不過什一之制也。

[五] 陽虎，魯季氏家臣也。富者好聚，仁者好施，施不得聚，道相反也。陽虎非賢者也，言有可采，不以人廢言也。

[六] 夏禹之世，號夏后氏。后，君也。禹受禪於君，故夏稱后。殷周順人心而征伐，故言人也。民耕五十畝，貢上五畝；耕七十畝者，以七畝助公家；耕百畝者，徹取十畝以爲賦：雖異名而多少同，故曰皆什一也。徹猶人徹取物也。藉者，借也，猶人相借力助之也。

[七] 龍子，古賢人也。言治土地之賦，無善於助者也。貢者，校數歲以爲常。類而上之，民供奉之，有易有不易，故謂之莫不善也。

[八] 樂歲，豐年。狼戾，猶狼藉也。粒米，粟米之粒也。饒多狼藉，棄捐於地，是時多取於民，不爲暴虐也，而反以常類少取之。至於凶年飢歲，民人糞治其田，尚無所得，不足以食，而公家取其稅必滿其常數焉。不若從歲飢穰以爲多少，與民同也。

[九] 盻盻，勤苦不休息之貌。動，作。稱，舉也。言民勤身動作終歲，不得以養食其父母。公賦當畢，有不足者，又當舉貸子倍而益滿之。至使老小轉尸溝壑〔一〕，安可以爲民之父母也？

[一〇] 古者諸侯、卿、大夫、士有功德，則世祿賜族者也。官有世功也，其子雖未任居官，得世食其父祿。賢者子孫必有

〔一〕 至使老小轉尸溝壑 "小"，《天祿琳琅》本同，阮刻本作"少"。

土之義也，滕固知行是矣。言亦當恤民之子弟，閔其勤勞者也。

[一一]《詩》，《小雅·大田》之篇。言大平時民悅其上，願欲天之先雨公田，遂以次及我私田也，猶殷人助者，爲有公田耳。此周詩也，而云"雨公田"，知雖周家之時亦助也。

[一二]以學習禮，教化於國。

[一三]養者，養耆老。教者，教以禮義。射者，三耦四矢，以達物導氣也。學則三代同名，皆謂之學，學乎人倫。人倫者，人事也，猶《洪範》曰"彝倫攸敘"，謂常事所序也。

[一四]有行三王之道而興起者，當取法於有道之國也。

[一五]《詩》，《大雅·文王》之篇。言周雖后稷以來舊爲諸侯，其受王命，惟文王新復，脩治禮義以致之耳。以是勸勉文公，欲使庶幾新其國也。

[一六]畢戰，滕臣也。問古井田之法。時諸侯各去典籍，人自爲政，故井田之道不明也。

[一七]子，畢戰也。經亦界也。必先正其經界，勿侵鄰國，乃可鈞井田，平穀祿。穀，所以爲祿也。《周禮·小司徒》曰："乃經土地，而井牧其田野。"言正其土地之界，乃定受其井牧之處也。

[一八]暴君，殘虐之君。汙吏，貪吏也。慢經界，不正本也。必相侵陵，長爭訟也。分田，賦廬井也。制祿，以庶人在官者比上農夫，轉以爲差，故可坐而定也。

[一九]褊小，謂五十里也。爲，有也。雖小國，亦有君子，亦有野人，言足以爲善政也。

[二〇]九一者，井田以九頃爲數，而供什一，郊野之賦也。助者，殷家稅名也，周亦用之，龍子所謂"莫善於助"也。時諸侯

不行助法。國中什一者，《周禮》"園廛二十而稅一"，時行重賦，責之什一也。而，如也。自，從也。孟子欲請使野人如助法，什一而稅之；國中從其本賦，二十而稅一以寬之。

[二一] 古者卿以下至於士，皆受圭田五十畝，所以供祭祀也。圭，絜也。上田，故謂之圭田，所謂"惟士無田，則亦不祭"，言絀士無絜田也。井田之民，養公田者受百畝，圭田半之，故五十畝。餘夫者，一家一人受田，其餘老小尚有餘力者，受二十五畝，半於圭田，謂之餘夫也。受田者，田萊多少有上、中、下。《周禮》曰"餘夫亦如之"，亦如上、中、下之制也。《王制》曰"夫圭田無征"，謂餘夫圭田，皆不出征賦也。時無圭田餘夫，孟子欲令復古，所以重祭祀，利民之道也。

[二二] 死，謂葬死也。徙，謂爰土易居平肥墝也。不出其鄉，易爲功也。

[二三] 同鄉之田，共井之家，各相營勞也。出入相友，相友耦也。《周禮·太宰》曰："八曰友，以任得民。"守望相助，助察姦也。疾病相扶持，扶持其羸弱，救其困急。皆所以教民相親睦之道。睦，和也。

[二四] 方一里者，九百畝之地也，爲一井。八家各私得百畝，同共養其公田之苗稼。公田八十畝，其餘二十畝以爲廬宅園圃，家二畝半也。先公後私，"遂及我私"之義也。則是野人之事，所以別於士伍者也。

[二五] 略，要也。其井田之大要如是。而加慈惠潤澤之，則在滕君與子共戮力撫循之也。《章指》言：尊賢師知，采人之善，善之至也。脩學校，勸禮義，敕民事，正經界，鈞井

田，賦什一，則爲國之大本也。

(五·四)

有爲神農之言者許行，自楚之滕，踵門而告文公曰："遠方之人，聞君行仁政，願受一廛而爲氓。"[一]

文公與之處。

其徒數十人皆衣褐，捆屨、織席以爲食。[二]

陳良之徒陳相，與其弟辛，負耒耜而自宋之滕，曰："聞君行聖人之政，是亦聖人也。願爲聖人氓。"[三]

陳相見許行而大悅，盡棄其學而學焉。[四]

陳相見孟子，道許行之言，曰："滕君則誠賢君也。雖然，未聞道也。[五]賢者與民並耕而食，饔飧而治。今也滕有倉廩府庫，則是厲民而以自養也，惡得賢？"[六]

孟子曰："許子必種粟而後食乎？"[七]

曰："然。"[八]

"許子必織布然後衣乎？"[九]

曰："否。許子衣褐。"[一〇]

"許子冠乎？"[一一]

曰："冠。"[一二]

曰："奚冠？"[一三]

曰："冠素。"[一四]

曰："自織之與？"[一五]

曰："否。以粟易之。"[一六]

曰："許子奚爲不自織？"[一七]

曰："害於耕。"[一八]

曰："許子以釜甑爨，以鐵耕乎？"[一九]

曰："然。"[二〇]

"自爲之與？"[二一]

曰："否，以粟易之。"[二二]

"以粟易械器者，不爲厲陶冶；陶冶亦以械器易粟者，豈爲厲農夫哉？且許子何不爲陶冶，舍皆取諸其宫中而用之，何爲紛紛然與百工交易，何許子之不憚煩？"[二三]

曰："百工之事，固不可耕且爲也。"[二四]

"然則治天下獨可耕且爲與？[二五]有大人之事，有小民之事。且一人之身而百工之所爲備，如必自爲而後用之，是率天下而路也。[二六]故曰或勞心，或勞力。勞心者治人，勞力者治於人。治於人者食人，治人者食於人，天下之通義也。[二七]當堯之時，天下猶未平，洪水橫流，氾濫於天下，草木暢茂，禽獸繁殖，五穀不登，禽獸偪人，獸蹄鳥迹之道交於中國。堯獨憂之，舉舜而敷治焉。[二八]舜使益掌火，益烈山澤而焚之，禽獸逃匿。[二九]禹疏九河，瀹濟漯而注諸海，決汝漢，排淮泗而注之江，然後中國可得而食也。當是時也，禹八年於外，三過其門而不入，雖欲耕，得乎？[三〇]后稷教民稼穡，樹藝五穀。五穀熟而民人育。[三一]人之有道也，飽食煖衣，逸居而無教，則近於禽獸。聖人有憂之，使契爲司徒，教以人倫：父子有親，君臣有義，夫婦有別，長幼有敘，朋友有信。[三二]放勳曰：勞之來之，匡之直之，輔之翼之，使自得之，又從而振德之。[三三]聖人之憂民如此，而暇耕乎！[三四]堯以不得舜爲己憂，舜以不得禹、皋陶爲己憂。夫以百畝之不易爲己憂者，農夫也。分人以財謂之惠，教人以善謂之忠，爲天下得人者謂之仁。[三五]是故以天下與人易，爲天下得人難。[三六]

孔子曰：'大哉堯之爲君，惟天爲大，惟堯則之，蕩蕩乎民無能名焉。君哉舜也，巍巍乎有天下而不與焉。'堯舜之治天下，豈無所用其心哉，亦不用於耕耳。[三七]吾聞用夏變夷者，未聞變於夷者也。[三八]陳良，楚產也，悦周公、仲尼之道，北學於中國，北方之學者，未聞或之先也〔一〕，彼所謂豪傑之士也。子之兄弟事之數十年，師死而遂倍之。[三九]昔者孔子没，三年之外，門人治任，將歸，入揖於子貢，相嚮而哭，皆失聲，然後歸。子貢反，築室於場，獨居三年，然後歸。[四〇]他日，子夏、子張、子游以有若似聖人，欲以所事孔子事之。強曾子，曾子曰：'不可，江漢以濯之，秋陽以暴之，皜皜乎不可尚已！'[四一]今也南蠻鴃舌之人，非先王之道，子倍子之師而學之，亦異於曾子矣。吾聞出於幽谷，遷于喬木者，未聞下喬木而入於幽谷者。[四二]《魯頌》曰：'戎狄是膺，荊舒是懲。'周公方且膺之，子是之學，亦爲不善變矣！"[四三]

"從許子之道，則市賈不貳，國中無僞。雖使五尺之童適市，莫之或欺。布帛長短同，則賈相若；麻縷絲絮輕重同，則賈相若；五穀多寡同，則賈相若；屨大小同，則賈相若。"[四四]

曰："夫物之不齊，物之情也。或相倍蓰，或相什百，或相千萬，子比而同之，是亂天下也。巨屨小屨同賈，人豈爲之哉？從許子之道，相率而爲僞者也。惡能治國家？"[四五]

[一]神農，三皇之君，炎帝神農氏。許，姓；行，名也。治爲神

〔一〕未聞或之先也 聞，《天祿琳琅》本、阮刻本作"能"。

農之道者。踵，至也。廛，居也。自稱遠方之人，願爲氓。氓，野人之稱。

[二] 文公與之居。處，舍之宅也。其徒，學其業者也。衣褐，貧也。捆猶叩㧌也。織屨欲使堅，故叩之也。賣屨席以供飲食也。

[三] 陳良，儒者也。陳相，良之門徒也。辛，相弟。聖人之政，謂仁政也。

[四] 棄陳良之儒道，更學許行神農之道也。

[五] 陳相言許行以爲滕君未達至道也。

[六] 相言許子以爲古賢君當與民並耕而各食其力。饔飧，熟食也。朝曰饔，夕曰飧。當身自具其食，兼治政事耳。今滕賦稅有倉廩府庫之富，是爲屬病其民以自奉養，安得爲賢君乎？三皇之時，質樸無事，故道若此也。

[七] 問許子必自身種粟乃食之邪？

[八] 相曰：然，許子自種之。

[九] 孟子曰：許子自織布然後衣之乎？

[一〇] 相曰：不自織布，許子衣褐。以毳織之，若今馬衣者也。或曰：褐，枲衣也。一曰粗布衣也。

[一一] 孟子問相。

[一二] 相曰冠也。

[一三] 孟子問：許子何冠也？

[一四] 相曰：許子冠素。

[一五] 孟子曰：許子自織素與？

[一六] 相言許子以粟易素。

[一七] 孟子曰：許子何爲不自織素乎？

[一八] 相曰：織妨害於耕，故不自織也。

［一九］爨，炊也。孟子曰：許子寧以釜甑炊食，以鐵爲犁用之耕否邪？

［二〇］相曰用之。

［二一］孟子曰：許子自冶鐵陶瓦器邪？

［二二］相曰：不自作鐵瓦，以粟易之也。

［二三］械，器之總名也。厲，病也。以粟易器，不病陶冶，陶冶亦何以爲病農夫乎？且許子何爲不自陶冶。舍者，止也。止不肯皆自取之其宮宅中而用之，何爲反與百工交易，紛紛爲煩也。

［二四］相曰：百工之事，固不可耕且爲，故交易也。

［二五］孟子言百工各爲其事，尚不可得耕且兼之。人君自天子以下，當治天下政事，此反可耕且爲邪？欲以窮許行之非滕君不親耕也。孟子謂五帝以來，有禮義上下之事，不得復若三皇之道也，言許子不知禮也。

［二六］孟子言人道自有大人之事，謂人君行教化也。小人之事，謂農工商也。一人而備百工之所作，作之乃得用之者，是率導天下人以羸路之困也。

［二七］勞心者，君也。勞力者，民也。君施教以治理之，民竭力治公田以奉養其上，天下通義，所常行也。

［二八］遭洪水，故天下未平。水盛，故草木暢茂。草木盛，故禽獸繁息衆多也。登，升也，五穀不足升用也。猛獸之跡，當在山林，而反交於中國，懼害人。故堯獨憂念之。敷，治也。《書》曰："禹敷土。"治土也。

［二九］掌，主也。主火之官，猶古火正也。烈，熾也。益視山澤草木熾盛者而焚燒之，故禽獸逃匿而遠竄也。

［三〇］疏，通也。瀹，治也。排，壅也。於是水害除，故中國之

地，可得耕而食也。禹勤事於外，八年之中，三過其家門而不得入。《書》曰："辛壬癸甲，啓呱呱而泣。"如此，寧得耕乎？

[三一] 棄爲后稷也。樹，種。藝，殖也。五穀謂稻、黍、稷、麥、菽也。五穀所以養人也，故言民人育也。

[三二] 司徒主人，教以人事。父父子子，君君臣臣，夫夫婦婦，兄兄弟弟，朋友貴信，契之教也。

[三三] 放勳，堯名也。遭水災恐其小民放辟邪侈，故勞來之。匡正直其曲心，使自得其本善性，然後又復從而振其羸窮，加德惠也。

[三四] 重喻陳相。

[三五] 言聖人以不得賢聖之臣爲己憂，農夫以百畝不治易爲己憂。

[三六] 爲天下求能治天下者難得也，故言以天下傳與人尚爲易也。

[三七] 天道蕩蕩乎大無私，生萬物而不知其所由來，堯法天，故民無能名堯德者也。舜得人君之道哉，德盛乎，巍巍乎，有天下之位，雖貴盛，不能與益舜。巍巍之德，言德之大，大於天子位也。堯舜蕩蕩巍巍如此，但不用心於躬自耕也。

[三八] 當以諸夏之禮義化變夷蠻之人耳，未聞變化於夷蠻之人，則其道也。

[三九] 陳良生於楚，北遊中國，學者不能有先之者也，可謂豪傑過人之士也。子之兄弟，謂陳相、陳辛也，數十年師事陳良，良死而倍之，更學於許行，非之也。

[四〇] 任，擔也。失聲，悲不能成聲。場，孔子冢上祭祀壇場也。子貢獨於場左右築室，復三年，慎終追遠也。

[四一] 有若之貌似孔子，此三子者，思孔子而不可復見，故欲尊

有若以作聖人，朝夕奉事之如事孔子，以慰思也。曾子不肯，以爲聖人之絜白，如濯之江漢，暴之秋陽。秋陽，周之秋，夏之五、六月盛陽也。皜皜，甚白也。何可尚而乃欲以有若之質於聖人之坐席乎〔一〕？尊師道，故不肯。

[四二] 今此許行乃南楚蠻夷，其舌之惡如鴃鳥耳。鴃，搏勞也。《詩》云："七月鳴鴃。"應陰而殺物者也。許子托於大古，非先聖王堯舜之道，不務仁義，而欲使君臣並耕，傷害道德，惡如鴃舌，與曾子之心亦異遠也。人當出深谷，上喬木。今子反下喬木，入深谷。

[四三] 《詩》，《魯頌·閟宮》之篇也。膺，擊也。懲，艾也。周家時擊戎狄之不善者，懲止荆舒之人，使不敢侵陵也。周公常欲擊之，言南蠻之人難用，而子反悦是人而學其道，亦爲不善變更矣。孟子究陳此者，所以責陳相也。

[四四] 陳相復爲孟子言此，如使從許子淳樸之道，可使市無二賈，不相僞誕，不欺愚小也。長短謂尺丈，輕重謂斤兩，多寡謂斗石，大小謂尺寸，皆言其同賈，故曰市無二賈者也。

[四五] 孟子曰：夫萬物好醜異賈，精粗異功，其不齊同，乃物之情性也。蓰，五倍也。什，十倍也。至於千萬相倍。譬若和氏之璧，雖與凡玉之璧尺寸厚薄適等，其賈豈可同哉？子欲以大小相比而同之，則使天下有爭亂之道也。巨，粗屨也。小，細屨也。如使同賈而賣之，人豈肯作其細者哉！時許子教人僞者耳，安能治國家者也。《章指》言：神農務本，教於凡民；許行蔽道，同之君臣；陳相倍師，

〔一〕 有若之質於聖人之坐席乎　"於"，底本原作"放"，據《天禄琳琅》本、阮刻本改。

降於幽谷，不理萬情，謂之敦樸。是以孟子博陳堯舜上下之敘以匡之也。

(五·五)

墨者夷之，因徐辟而求見孟子。[一]

孟子曰："吾固願見，今吾尚病，病愈，我且往見。"[二]

夷子不來。他日，又求見孟子。[三]

孟子曰："吾今則可以見矣。不直則道不見，我且直之。[四]吾聞夷子墨者，墨之治喪也，以薄爲其道也。夷子思以易天下，豈以爲非是而不貴也？然而夷子葬其親厚，則是以所賤事親也。"[五]

徐子以告夷子。

夷子曰："儒者之道，'古之人若保赤子'，此言何謂也？之則以爲愛無差等，施由親始。"[六]

徐子以告孟子〔一〕。

孟子曰："夫夷子信以爲人之親其兄之子爲若親其鄰之赤子乎？彼有取爾也：赤子匍匐將入井，非赤子之罪也。[七]且天之生物也，使之一本，而夷子二本故也。[八]蓋上世嘗有不葬其親者，其親死，則舉而委之於壑。[九]他日過之，狐狸食之，蠅蚋姑嘬之。其顙有泚，睨而不視。夫泚也，非爲人泚，中心達於面目，蓋歸反虆梩而掩之。掩之誠是也，則孝子仁人之掩其親，亦必有道矣。"[一〇]

徐子以告夷子。夷子憮然爲間，曰："命之矣。"[一一]

〔一〕徐子以告孟子　"孟子"，底本原無，據《天祿琳琅》本、阮刻本補。

[一] 夷之，治墨家之道者。徐辟，孟子弟子也。求見孟子，欲以辯道也。

[二] 我常願見之，今值我病，不能見也，病愈，將自往見。以辭却之。

[三] 是日夷子聞孟子病，故不來，他日復往求見。

[四] 告徐子曰：今我可以見夷之矣，不直言攻之，則儒家聖道不見，我且欲直攻之也。

[五] 我聞夷子爲墨道者，墨者治喪，貴薄而賤厚。夷子思欲以此道易天下之化使從己，豈肯以薄爲非是而不貴之也。如使夷子葬其父母厚也，是以所賤之道事其親也。如其薄也，下言"上世不葬"者，又可鄙足爲戒也。吾欲以此攻之也。

[六] 之，夷子名也。言儒家曰，古之治民若安赤子，此何謂乎？之以爲當同其恩愛，無有差次等級相殊也。但施厚之事，先從己親屬始耳。若此，何爲獨非墨道也？

[七] 親，愛也。夫夷子以爲人愛兄子與愛鄰人之子等邪。彼取赤子將入井，雖他人子亦驚救之，故謂之愛同也。此但以赤子無知，非其罪惡，故救之耳。夷子必以此況之，未盡達人情者也。

[八] 天生萬物，各由一本而出。今夷子以他人之親與己親等，是爲二本，故欲同其愛也。

[九] 上世，未制禮之時。壑，路傍坑壑也。其父母終，舉而委棄之壑中也。

[一〇] 喁，攢共食之也。顙，額也。泚，汗出泚泚然也。見其親爲獸蟲所食，形體毀敗，中心慚，故汗泚泚然出於額，非爲他人而慚也，自出其心。聖人緣人心而制禮也。蘽梩，籠臿之屬，可以取土者也。而掩之實是其道，則孝子仁人

掩其親有以也。

[一一] 孟子言是，以爲墨家薄葬，不合道也。徐子復以告夷子，夷子憮然者，猶悵然也。爲間者，有頃之間也。命之猶言受命教矣。《章指》言：聖人緣情，制禮奉終；墨子玄同，質而違中。以直正枉，憮然改容，蓋其理也。

孟子卷第六

滕文公章句下

(六·一)

陳代曰:"不見諸侯,宜若小然。今一見之,大則以王,小則以霸。且志曰'枉尺而直尋',宜若可爲也。"[一]

孟子曰:"昔齊景公田,招虞人以旌,不至,將殺之。[二]志士不忘在溝壑,勇士不忘喪其元,孔子奚取焉?取非其招不往也。如不待其招而往,何哉?[三]且夫枉尺而直尋者,以利言也。如以利,則枉尋直尺而利,亦可爲與?[四]昔者趙簡子使王良與嬖奚乘,終日而不獲一禽,嬖奚反命曰:'天下之賤工也。'[五]或以告王良,良曰:'請復之。'[六]強而後可,[七]一朝而獲十禽。嬖奚反命曰:'天下之良工也。'[八]簡子曰:'我使掌與女乘。'[九]謂王良,良不可,[一〇]曰:'吾爲之範我馳驅,終日不獲一;爲之詭遇,一朝而獲十。[一一]《詩》云:"不失其馳,舍矢如破。"我不貫與小人乘,請辭。'[一二]御者且羞與射者比,比而得禽獸,雖若丘陵,弗爲也。如枉道而從彼,何也?[一三]且子過矣!枉己者,未有能直人者也。"[一四]

[一] 陳代,孟子弟子也。代見諸侯有來聘請孟子,孟子有所不見,以爲孟子欲以是爲介,故言此介得無爲狹小乎?如一見之,儻得行道,可以輔致霸王乎。志,記也。枉尺直尋,欲使孟子屈己信道,故言宜若可爲也。

[二] 虞人,守苑圃之吏也。招之當以皮冠,而以旌,故不至也。

[三] 志士,守義者也。君子固窮,故常念死無棺槨,没溝壑而不

恨也。勇士，義勇者也。元，首也。以義則喪首不顧也。孔子奚取？取守死善道，非禮招己則不往。言虞人不得其招尚不往，如何君子而不待其招，直事妄見諸侯者，何爲也？

[四] 尺小尋大，不可枉大就小，而以要利也。

[五] 趙簡子，晉卿也。王良，善御者也。嬖奚，簡子幸臣。以不能得一禽，故反命於簡子，謂王良天下鄙賤之工師也。

[六] 聞嬖奚賤之，故請復與乘。

[七] 強嬖奚，乃肯行。

[八] 以一朝得十禽，故謂之良工。

[九] 掌，主也。使王良主與女乘。

[一〇] 王良不肯。

[一一] 範，法也。王良曰：我爲之法度之御，應禮之射，正殺之禽，不能得一。橫而射之曰詭遇，非禮之射，則能獲十。言嬖奚小人也，不習於禮。

[一二] 《詩》，《小雅·車攻》之篇也。言御者不失其馳驅之法，則射者必中之。順毛而入，順毛而出，一發貫臧，應矢而死者如破矣，此君子之射也。貫，習也。我不習與小人乘，不願掌與嬖奚同乘，故請辭。

[一三] 孟子引此以喻陳代，云御者尚知羞恥此射者，不欲與比，子如何欲使我枉正道而從彼驕慢諸侯而見之。

[一四] 謂陳代之言過謬也。人當以直矯枉耳，己自枉曲，何能正人。《章指》言：脩禮守正，非招不往，枉道富貴，君子不許。是以諸侯雖有善其辭命，伯夷亦不屑就也。

(六·二)

景春曰：“公孫衍、張儀豈不誠大丈夫哉，一怒而諸侯

懼,安居而天下熄。"[一]

孟子曰:"是焉得爲大丈夫乎?子未學禮乎?丈夫之冠也,父命之。女子之嫁也,母命之,往送之門,戒之曰:'往之女家,必敬必戒,無違夫子。'以順爲正者,妾婦之道也。[二]居天下之廣居,立天下之正位,行天下之大道,得志,與民由之,不得志,獨行其道。富貴不能淫,貧賤不能移,威武不能屈,此之謂大丈夫。"[三]

[一] 景春,孟子時人,爲縱橫之術者。公孫衍,魏人也,號爲犀首,常佩五國相印,爲從長,秦王之孫,故曰公孫。張儀,合從者也,一怒則構諸侯,使彊陵弱,故言懼也。安居不用辭説,則天下兵革熄也。

[二] 孟子以禮言之,男子之道當以義匡君,女子則當婉順從人耳。男子之冠,則命曰就爾成德。今此二子,從君順指,行權合從,無輔弼之義,安得爲大丈夫也。

[三] 廣居,謂天下也。正位,謂男子純乾正陽之位也。大道,仁義之道也。得志行正,與民共之;不得志,隱居獨善其身,守道不回也。淫,亂其心也;移,易其行也;屈,挫其志也:三者不惑,乃可謂大丈夫。《章指》言:以道匡君,非禮不運,稱大丈夫。阿意用謀,善戰務勝,事雖有剛,心歸柔順,故云妾婦,以況儀衍。

(六·三)

周霄問曰:"古之君子仕乎?"[一]

孟子曰:"仕。《傳》曰:'孔子三月無君,則皇皇如也,出疆必載質。'[二]公明儀曰:'古之人三月無君則弔。'"[三]

"三月無君則弔，不以急乎？"^[四]

曰："士之失位也，猶諸侯之失國家也。《禮》曰：'諸侯耕助，以供粢盛；夫人蠶繅，以爲衣服。犧牲不成，粢盛不絜，衣服不備，不敢以祭。''惟士無田，則亦不祭。'牲殺、器皿、衣服不備，不敢以祭，則不敢以宴，亦不足弔乎？"^[五]

"出疆必載質，何也？"^[六]

曰："士之仕也，猶農夫之耕也。農夫豈爲出疆舍其耒耜哉？"^[七]

曰："晉國亦仕國也，未嘗聞仕如此其急。仕如此其急也，君子之難仕，何也？"^[八]

曰："丈夫生而願爲之有室，女子生而願爲之有家。父母之心，人皆有之。不待父母之命、媒妁之言，鑽穴隙相窺，踰牆相從，則父母國人皆賤之。^[九] 古之人未嘗不欲仕也，又惡不由其道。不由其道而往者，與鑽穴隙之類也。"^[一〇]

[一] 周霄，魏人。問君子之道當仕否？

[二] 質，臣所執以見君者也。三月，一時也。物變而不佐君化，故皇皇如有所求而不得。

[三] 公明儀，賢者也。而言古人三月無君則弔，明當仕也。

[四] 周霄怪乃弔於三月無君，何其急也。

[五] 諸侯耕助者，躬耕勸率其民，收其藉助，以供粢盛。粢，稷。盛，稻也。夫人親執蠶繅之事，以率女功。衣服，祭服。不成，不實肥腯也。惟，辭也。言惟絀祿之士無圭田者，不祭。牲必特殺，故曰殺。皿所以覆器者也。不祭則不宴，猶喪人也，不亦可弔乎。

[六] 周霄問：出疆何爲復載質？

[七] 孟子言仕之爲急，若農夫不可不耕。

[八] 魏本晉也，故周霄曰：我晉人也，亦仕，而不知其急若此，若此君子何爲難仕？君子謂孟子，何爲不急仕也。

[九] 言人不可觸情從欲，須禮而行。

[一〇] 言古之人雖欲仕，如不由其正道，是與鑽穴者何異。《章指》言：君子務仕，思播其道，達義行仁，待禮而動。苟容干祿，踰牆之女，人之所賤，故弗爲也。

(六·四)

彭更問曰："後車數十乘，從者數百人，以傳食於諸侯，不以泰乎？"[一]

孟子曰："非其道，則一簞食不可受於人。如其道，則舜受堯之天下，不以爲泰。子以爲泰乎？"[二]

曰："否！士無事而食，不可也。"[三]

曰："子不通功易事，以羨補不足，則農有餘粟，女有餘布。子如通之，則梓匠輪輿，皆得食於子。[四] 於此有人焉，入則孝，出則悌，守先王之道，以待後之學者，而不得食於子。子何尊梓匠輪輿而輕爲仁義者哉？"[五]

曰："梓匠輪輿，其志將以求食也。君子之爲道也，其志亦將以求食與？"[六]

曰："子何以其志爲哉？其有功於子，可食而食之矣。且子食志乎？食功乎？"[七]

曰："食志。"[八]

曰："有人於此，毀瓦畫墁，其志將以求食也，則子食之乎？"[九]

曰:"否。"[一〇]

曰:"然則子非食志也,食功也。"[一一]

[一] 泰,甚也。彭更,孟子弟子。怪孟子徒衆多,而傳食於諸侯之國,得無爲甚奢泰者也?

[二] 簞,笥也。非以其道,一笥之食不可受也。子以舜受堯天下爲泰乎?

[三] 彭更曰:不以舜爲泰也。謂仕無功事而虚食人者,不可也。

[四] 孟子言凡人當通功易事,乃可各以奉其用。梓匠,木工也。輪人、輿人,作車者。交易則得食於子之所有矣。《周禮》攻木之工七,梓匠輪輿,是其四者。羨,餘也。

[五] 入則事親孝,出則敬長順也。悌,順也。守先王之道,上德之士,可以化俗者。若此不得食子之祿,子何尊彼而賤此也。

[六] 彭更以爲彼志於食,此亦但志食也。

[七] 孟子言祿以食功,子何食乎?

[八] 彭更以爲當食志也。

[九] 孟子言人但破碎瓦畫地,則復墁滅之,此無用之爲也,然而其意反欲求食[一],則可食乎?

[一〇] 彭更曰不食也。

[一一] 孟子曰:如是,子果食功也。《章指》言:百工食力,以祿養賢;脩仁尚義,國之所尊,移風易俗,其功可珍,雖食諸侯,不爲素餐。

〔一〕 其意反欲求食 "意",《天祿琳琅》本同,阮刻本作"志"。

(六·五)

　　萬章問曰："宋，小國也。今將行王政，齊楚惡而伐之，則如之何？"[一]

　　孟子曰："湯居亳，與葛爲鄰。葛伯放而不祀，湯使人問之，曰：'何爲不祀？'曰：'無以供犧牲也。'湯使遺之牛羊，葛伯食之，又不以祀。[二]湯又使人問之曰：'何爲不祀？'曰：'無以供粢盛也。'湯使亳衆往爲之耕，老弱饋食。葛伯率其民，要其有酒食黍稻者奪之，不授者殺之。有童子以黍肉餉，殺而奪之。《書》曰'葛伯仇餉'，此之謂也。[三]爲其殺是童子而征之，四海之内皆曰：'非富天下也，爲匹夫匹婦復讎也。'[四]湯始征，自葛載，十一征而無敵於天下。東面而征，西夷怨；南面而征，北狄怨。曰：'奚爲後我？'民之望之，若大旱之望雨也。歸市者弗止，芸者不變，誅其君，弔其民，如時雨降，民大悦。《書》曰：'徯我后，后來其無罰！'[五]'有攸不惟臣，東征綏厥士女，匪厥玄黄，紹我周王見休，惟臣附於大邑周。'其君子實玄黄于匪，以迎其君子；其小人簞食壺漿，以迎其小人。救民於水火之中，取其殘而已矣。[六]《大誓》曰：'我武惟揚，侵于之疆，則取于殘，殺伐用張，于湯有光。'[七]不行王政云爾。苟行王政，四海之内皆舉首而望之，欲以爲君，齊楚雖大，何畏焉？"[八]

　　[一]問宋當如齊楚何也？

　　[二]葛，夏諸侯，嬴姓之國。放縱無道，不祀先祖。

　　[三]童子未成人，殺之尤無狀。《書》，《尚書》逸篇也。仇，怨也。
　　　　言湯所以伐殺葛伯，怨其害此餉也。

［四］四海之民皆曰：湯不貪天下富也，爲一夫報仇也。

［五］載，始也。言湯初征從葛始也，十一征而服天下。一説言當作"再"字，再十一征者，湯再出征十一國。再十一，凡征二十二國也。《書》，逸篇也。民曰：待我君來，我則無罰矣。歸市不止，不以有軍來征故，市者止不行也。不使芸者變休也。

［六］從"有攸"以下，道周武王伐紂時也，皆《尚書》逸篇之文。攸，所也。言武王東征，安天下士女，小人各有所執往，無不惟念執臣子之節。匪厥玄黄，謂諸侯執玄三纁二之帛，願見周王，望見休善，使我得附就大邑周家也。其君子、小人，各有所執，以迎其類也。言武王之師，救殷民於水火之中，討其殘賊也。

［七］《大誓》，古《尚書》百二十篇之時《大誓》也。我武王用武之時"惟鷹揚"也。"侵于之疆"，侵紂之疆界，則取于殘賊者，以張殺伐之功也。民有簞食壺漿之歡，比於湯伐桀，爲有光寵，美武王德優前代也。今之《尚書·大誓》篇，後得以充學，故不與古《大誓》同。諸傳記引《大誓》皆古《大誓》也。

［八］萬章憂宋迫於齊楚不得行政，故孟子爲陳殷湯、周武之事以喻之。誠能行之，天下思以爲君，何畏齊楚之國焉。《章指》言：脩德無小，暴慢無強，是故夏商之末，民思湯武，雖欲不王，末由也已。

(六·六)

孟子謂戴不勝曰："子欲子之王之善與？我明告子。[一]有楚大夫於此，欲其子之齊語也，則使齊人傅諸？使楚人傅諸？"[二]

曰："使齊人傅之。"[三]

曰："一齊人傅之，衆楚人咻之，雖日撻而求其齊也，不可得矣。引而置之莊岳之間數年，雖日撻而求其楚，亦不可得矣。[四]子謂薛居州善士也，使之居於王所。在於王所者，長幼卑尊皆薛居州也，王誰與爲不善？[五]在王所者，長幼卑尊皆非薛居州也，王誰與爲善？一薛居州，獨如宋王何！"[六]

[一] 不勝，宋臣。

[二] 孟子假喻有楚大夫在此，欲變其子使學齊言，當使齊人傅之邪，使楚人自傅相之邪？

[三] 不勝曰：使齊人。

[四] 言使一齊人傅相，楚衆人咻之。咻之者，讙也。如此雖日撻之欲使齊言，不可得矣。言寡不勝衆也。莊岳，齊街里名也。多人處之數年，而自齊也。

[五] 孟子曰：不勝常言居州宋之善士也，欲使居於王所。如使在王所者，小大皆如居州，則王誰與爲不善者也。

[六] 如使在王左右者，皆非居州之疇，王當誰與爲善乎？一薛居州，獨如宋王何而能化之也。周之末世，列國皆僭號自稱王，故曰宋王也。《章指》言：自非聖人，在所變化，故諺曰："白沙在涅，不染自黑。蓬生麻中，不扶自直。"言輔之者衆也。

(六·七)

公孫丑問曰："不見諸侯，何義？"[一]

孟子曰："古者不爲臣不見。[二]段干木踰垣而辟之，泄柳閉門而不内，是皆已甚。迫，斯可以見矣。[三]陽貨欲見孔子，而惡無禮。大夫有賜於士，不得受於其家，則往拜其門。^[四]陽貨矙孔子之亡也，而饋孔子蒸豚。孔子亦矙其亡也，而往拜之。當是時，陽貨先，豈得不見？^[五]曾子曰：'脅肩諂笑，病於夏畦。'^[六]子路曰：'未同而言，觀其色赧赧然，非由之所知也。'^[七]由是觀之，則君子之所養，可知已矣。"^[八]

［一］丑怪孟子不肯每輒應諸侯之聘，不見之，於義謂何也。

［二］古者不爲臣不肯見，不義而富且貴者也。

［三］孟子言魏文侯、魯繆公有好善之心，而此二人距之太甚。迫窄則可以見之。

［四］陽貨，魯大夫也。孔子，士也。

［五］矙，視也。陽貨視孔子亡而饋之者，欲使孔子來答，恐其便答拜使人也。孔子矙其亡者，心不欲見陽貨也。《論語》曰"饋孔子豚"，孟子曰"蒸豚"，豚非大牲，故用熟饋也。是時陽貨先加禮，豈得不往拜見之哉。

［六］脅肩，竦體也。諂笑，強笑也。病，極也。言其意苦勞極，甚於仲夏之月治畦灌園之勤也。

［七］未同，志未合也。不可與言而與之言，謂之失言也。觀其色赧赧然，面赤，心不正貌也。由，子路名。子路剛直，故曰非由所知也。

［八］孟子言：由是觀曾子、子路之言^{〔一〕}，以觀君子之所養志可知矣。謂君子養正氣，不以入邪也。《章指》言：道異不謀，迫斯強之，段泄已甚，矙亡得宜。正己直行，不納於邪，赧然不接，傷若夏畦也。

〔一〕 由是觀曾子子路之言 "曾子"，底本作"君子"，據前文、《天祿琳琅》本、阮刻本改。

(六·八)

　　戴盈之曰:"什一,去關市之征,今茲未能,請輕之,以待來年然後已,如何?"[一]

　　孟子曰:"今有人日攘其鄰之雞者,或告之曰:'是非君子之道。'曰:'請損之,月攘一雞,以待來年然後已。'如知其非義,斯速已矣,何待來年?"[二]

　　[一] 戴盈之,宋大夫。問孟子,欲使君去關市征稅,復古行什一之賦。今年未能盡去,且使輕之,待來年然後復古,何如?

　　[二] 攘,取也。取自來之物也。孟子以此爲喻,知攘之惡當即止,何可損少,月取一雞,待來年乃止乎?謂盈之之言若此類者也。《章指》言:從善改非,坐而待旦;知而爲之,罪重於故。譬猶攘雞,多少同盜,變惡自新,速然後可也。

(六·九)

　　公都子曰:"外人皆稱夫子好辯,敢問何也?"[一]

　　孟子曰:"予豈好辯哉,予不得已也。[二] 天下之生久矣,一治一亂。當堯之時,水逆行,氾濫於中國,蛇龍居之,民無所定,下者爲巢,上者爲營窟。[三]《書》曰:'洚水警余。'洚水者,洪水也。[四] 使禹治之,禹掘地而注之海,驅蛇龍而放之菹。水由地中行,江、淮、河、漢是也。險阻既遠,鳥獸之害人者消,然後人得平土而居之。[五] 堯舜既没,聖人之道衰,暴君代作。壞宫室以爲汙池,民無所安息;棄田以爲園囿,使民不得衣食;邪說暴行又作,園囿汙池,沛澤多而禽獸至。[六] 及紂之身,天下又大亂。周公相武王,誅紂伐奄,三年討其君,驅飛廉於海隅而戮之，滅國者五十；驅虎豹犀象而遠之，天下大悦。[七]《書》曰：'丕顯哉！文王謨。丕承哉！武王烈。佑啓我後人，咸以正無缺。'[八]世衰道微，邪説暴行有作，臣弑其君者有之，子弑其父者有之，孔子懼，作《春秋》。《春秋》，天子之事也。是故孔子曰：'知我者其惟《春秋》乎[一]！罪我者其惟《春秋》乎！'[九]聖王不作，諸侯放恣，處士横議，楊朱、墨翟之言盈天下，天下之言，不歸楊則歸墨。楊氏爲我，是無君也。墨氏兼愛，是無父也。無父無君，是禽獸也。[一〇]公明儀曰：'庖有肥肉，廄有肥馬，民有飢色，野有餓莩，此率禽獸而食人也。'[一一]楊墨之道不息，孔子之道不著，是邪説誣民，充塞仁義也。仁義充塞，則率獸食人，人將相食。[一二]吾爲此懼，閑先聖之道，距楊墨，放淫辭，邪説者不得作。[一三]作於其心，害於其事；作於其事，害於其政。聖人復起，不易吾言矣。[一四]昔者禹抑洪水而天下平，周公兼夷狄、驅猛獸而百姓寧，孔子成《春秋》而亂臣賊子懼。[一五]《詩》云：'戎狄是膺，荆舒是懲，則莫我敢承。'[一六]無父無君，是周公所膺也。[一七]我亦欲正人心，息邪説，距詖行，放淫辭，以承三聖者，豈好辯哉？予不得已也。[一八]能言距楊墨者，聖人之徒也。"[一九]

[一] 公都子，孟子弟子也。外人，他人論議者也。好辯，言孟子好與楊墨之徒辯爭。

[二] 曰：我不得已耳，欲救正道，懼爲邪説所亂，故辯之也。

〔一〕 知我者其惟春秋乎 "者"，底本無，據《天禄琳琅》本、阮刻本補。

[三] 天下之生，生民以來也。迭有亂治〔一〕，非一世。水生蛇龍，水盛則蛇龍居民之地也。民患水，避之，故無定居。坤下者於樹上爲巢，猶鳥之巢也。上者，高原之上也。鑿岸而營度之，以爲窟穴而處之。

[四] 《尚書》逸篇也。水逆行，洚洞無涯，故曰洚水也。洪，大也。

[五] 堯使禹治洪水，通九州，故曰掘地而注之海也。菹，澤生草者也，今青州謂澤有草者爲菹。水流行於地而去也，民人下高就平土，故遠險阻也。水去，故鳥獸害人者消盡也。

[六] 暴，亂也。亂君更興，殘壞民室屋，以其處爲汙池；棄五穀之田，以爲園囿，長逸遊而棄本業，使民不得衣食，有飢寒並至之厄；其小人則放辟邪侈，故作邪僞之説，爲姦宼之行。沛，草木之所生也。澤，水也。至，衆也。田疇不墾，故禽獸衆多。謂羿桀之時也。

[七] 奄，東方無道國。武王伐紂，至於孟津還歸，二年復伐，前後三年也。飛廉，紂諛臣。驅之海隅而戮之，猶舜放四罪也。滅與紂共爲亂政者五十國也。奄大國，故特伐之。《尚書·多方》曰："王來自奄。"

[八] 《書》，《尚書》逸篇也。丕，大。顯，明。承，纘。烈，光也。言文王大顯明王道，武王大纘承天光烈，佑開後人，謂成康皆行正道無虧缺也，此周公輔相以撥亂之功也。

[九] 世衰道微，周衰之時也。孔子懼王道遂滅〔二〕，故作《春秋》。因魯史記，設素王之法，謂天子之事也。知我者謂我正王綱

〔一〕 迭有亂治　"亂治"，《天禄琳琅》本同，阮刻本作"治亂"。
〔二〕 孔子懼王道遂滅　"王道"，《天禄琳琅》本同，阮刻本作"正道"。

也，罪我者謂時人見彈貶者。言孔子以《春秋》撥亂也。

［一〇］言孔子之後，聖人之道不興，戰國縱橫，布衣處士游説以干諸侯，若楊墨之徒，無尊異君父之義，而以橫議於世也。

［一一］公明儀，魯賢人。言人君但崇庖廚，養犬馬，不恤民，是為率禽獸而食人也。

［一二］言仁義塞則邪説行，獸食人則人相食，此亂之甚也。

［一三］閑，習也。淫，放也。孟子言我懼聖人之道不著，為邪説所乘，故習聖人之道以距之。

［一四］説與上篇同。

［一五］抑，治也。周公兼懷夷狄之人，驅害人之猛獸也。言亂臣賊子懼，《春秋》之貶責也。

［一六］此詩已見上篇説。

［一七］是周公所欲伐擊也。

［一八］孟子言我亦欲正人心，距險詖之行，以奉禹、周公、孔子也。不得已而與人辯耳，豈好之哉？

［一九］孟子自謂能距楊墨也。徒，黨也。可以繼聖人之道，謂名世者也。《章指》言：夫憂世撥亂，勤以濟之，義以匡之，是故禹稷駢躓，周公仰思，仲尼皇皇，墨突不及汙，聖賢若此，豈得不辯也。

(六·十)

匡章曰："陳仲子豈不誠廉士哉？居於陵，三日不食，耳無聞，目無見也。井上有李，螬食實者過半矣，匍匐往將食之，三咽，然後耳有聞，目有見。"［一］

孟子曰："於齊國之士，吾必以仲子為巨擘焉。雖然，仲子惡能廉？充仲子之操，則蚓而後可者也。夫蚓，上食槁壤，下飲黃泉。^[二]仲子所居之室，伯夷之所築與？抑亦盜跖之所築與？所食之粟，伯夷之所樹與？抑亦盜跖之所樹與？是未可知也。"^[三]

曰："是何傷哉？彼身織屨，妻辟纑，以易之也。"^[四]

曰："仲子，齊之世家也。兄戴，蓋祿萬鍾。以兄之祿爲不義之祿而不食也，以兄之室爲不義之室而不居也，避兄離母，處於於陵。^[五]他日歸，則有饋其兄生鵝者，己頻顣曰：'惡用是鶃鶃者爲哉？'^[六]他日，其母殺是鵝也，與之食之。其兄自外至，曰：'是鶃鶃之肉也。'出而哇之。以母則不食，以妻則食之；以兄之室則弗居，以於陵則居之：是尚爲能充其類也乎？若仲子者，蚓而後充其操者也。"^[七]

[一] 匡章，齊人也。陳仲子，齊一介之士，窮不苟求者，是以絕糧而餒也。螬，蟲也。李實有蟲，食之過半，言仲子目不能擇也。

[二] 巨擘，大指也。比於齊國之士，吾必以仲子爲指中大者耳，非大器也。蚓，丘蚓之蟲也。充滿其操行，似蚓而可行者也。蚓食土飲泉，極廉矣，然無心無識。仲子不知仁義，苟守一介，亦猶蚓也。

[三] 孟子問匡章：仲子豈能必使伯夷之徒築室、樹粟，乃居食之邪？抑亦得盜跖之徒使作也。是殆未可知也。

[四] 匡章曰：惡人作之何傷哉？彼仲子身自織屨，妻緝纑，以易食宅耳。緝績其麻曰辟，練麻曰纑。

[五] 孟子言仲子，齊之世卿大夫之家。兄名戴，爲齊卿，食采於蓋，祿萬鍾。仲子以爲事非其君，行非其道，以居富貴，故

不義之,寘於於陵。

[六] 他日,異日也。歸省其母,見兄受人之鵝而非之。已,仲子也。頻顣不悦曰:"安用是鶂鶂者爲乎?"鶂鶂,鵝鳴之聲。

[七] 異日母食以鵝,不知是前所頻顣者也。兄疾之告曰:"是鶂鶂之肉也。"仲子出門而哇吐之。孟子非其不食於母,而食妻所作屨纑易食也;不居兄室,而居於於陵人所築室也,是尚能充人類乎?如蚓之性,然後可以充其操也。《章指》言:聖人之道,親親尚和;志士之操,耿介特立,可以激濁,不可常法。是以孟子喻以丘蚓,比諸巨擘也。

孟子卷第七

離婁章句上 [一]

(七·一)

　　孟子曰："離婁之明，公輸子之巧，不以規矩，不能成方員。[二] 師曠之聰，不以六律，不能正五音。[三] 堯舜之道，不以仁政，不能平治天下。[四] 今有仁心仁聞，而民不被其澤，不可法於後世者，不行先王之道也。[五] 故曰：徒善不足以爲政，徒法不能以自行。[六]《詩》云：'不愆不忘，率由舊章。'遵先王之法而過者，未之有也。[七] 聖人既竭目力焉，繼之以規矩準繩，以爲方員平直，不可勝用也。[八] 既竭耳力焉，繼之以六律，正五音，不可勝用也。[九] 既竭心思焉，繼之以不忍人之政，而仁覆天下矣。[一〇] 故曰：爲高必因丘陵，爲下必因川澤，爲政不因先王之道，可謂智乎？[一一] 是以惟仁者宜在高位。不仁而在高位，是播其惡於衆也。[一二] 上無道揆也，下無法守也，朝不信道，工不信度，君子犯義，小人犯刑，國之所存者幸也。[一三] 故曰：城郭不完，兵甲不多，非國之災也。田野不辟，貨財不聚，非國之害也。上無禮，下無學，賊民興，喪無日矣。[一四]《詩》曰：'天之方蹶，無然泄泄。'泄泄，猶沓沓也。事君無義，進退無禮，言則非先王之道者，猶沓沓也。[一五] 故曰：責難於君謂之恭，陳善閉邪謂之敬，吾君不能謂之賊。"[一六]

[一] 離婁者，古之明目者，蓋以爲黄帝時人也。黄帝亡其玄珠，使離朱索之。離朱即離婁也，能視於百步之外，見秋毫之末。然必須規矩，乃成方員，猶《論語》"述而不作，信而

好古", 故以題篇。

[二] 公輸子, 魯班, 魯之巧人也。或以爲魯昭公之子。雖天下至巧, 亦猶須規矩也。

[三] 師曠, 晉平公之樂大師也, 其聽至聰。不用六律, 不能正五音。六律, 陽律太蔟、姑洗、蕤賓、夷則、無射、黃鍾也。五音, 宮、商、角、徵、羽也。

[四] 當行仁恩之政, 天下乃可平也。

[五] 仁心, 性仁也。仁聞, 仁聲遠聞也。雖然, 猶須行先王之道, 使百姓被澤, 乃可爲後法也。

[六] 但有善心而不行之, 不足以爲政。但有善法度而不施之, 法度亦不能獨自行也。

[七] 《詩》, 《大雅·嘉樂》之篇。愆, 過也。所行不過差矣, 不可忘者, 以其循用舊故文章, 遵用先王之法度, 未聞有過也。

[八] 盡己目力, 繼以其四者, 方員平直, 可得而知審, 故用之不可勝極也。

[九] 音須律而正也。

[一〇] 盡心欲行恩, 繼以不忍加惡於人之政, 則天下被覆衣之仁也。

[一一] 言因自然, 則用力少而成功多矣。

[一二] 仁者能由先王之道。不仁逆道, 則自播揚其惡於眾人也。

[一三] 言君無道術可以揆度天意, 臣無法度可以守職奉命, 朝廷之士不信道德, 百工之作不信度量。君子觸義之所禁, 謂學士當行君子之道也。小人觸刑, 愚人麗於密網也。此亡國之政, 然而國存者, 僥倖耳, 非其道也。

[一四] 言君不知禮, 臣不學法度, 無以相檢制, 則賊民興, 亡在朝夕, 無復有期日。言國無禮義必亡。

[一五] 《詩》, 《大雅·板》之篇。天謂王者。蹶, 動也。言天方

動，女無敢沓沓，但爲非義非禮，背棄先王之道而不相匡正也。

[一六] 人臣之道，當進君於善，責難爲之事，使君勉之。謂行堯舜之仁，是爲恭臣。陳善法以禁閑君之邪心，是爲敬君。言吾君不肖，不能行善，因不諫正，此爲賊其君也。《章指》言：雖有巧智，猶須法度，國由先王，禮義爲要，不仁在位，播越其惡，諛君不諫，故謂之賊。明上下相須，而道化行也。

(七·二)

孟子曰："規矩，方員之至也。聖人，人倫之至也。^[一]欲爲君，盡君道；欲爲臣，盡臣道。二者皆法堯舜而已矣。^[二]不以舜之所以事堯事君，不敬其君者也。不以堯之所以治民治民，賊其民者也。^[三]孔子曰：'道二，仁與不仁而已矣。'暴其民甚，則身弑國亡；不甚，則身危國削。名之曰幽厲，雖孝子慈孫，百世不能改也。^[四]《詩》云'殷鑒不遠，在夏后之世'，此之謂也。"^[五]

[一] 至，極也。人事之善者，莫大取法於聖人，猶方員須規矩也。

[二] 堯舜之爲君臣道備。

[三] 言舜之事堯，敬之至也。堯之治民，愛之盡也。

[四] 仁則國安，不仁則國危亡。甚謂桀紂，不甚謂幽厲。厲王流於彘，幽王滅於戲，可謂身危國削矣。名之謂謚之也，謚以幽厲，以章其惡，百世傳之，孝子慈孫，何能改也。

[五] 《詩》，《大雅·蕩》之篇也。殷之所鑒視，近在夏后之世耳。以前代善惡爲明鏡也，欲使周亦鑒於殷之所以亡也。《章指》

言：法則堯舜，以爲規矩；鑒戒桀紂，避遠危殆。名謚一定，千載而不可改也。

（七·三）

孟子曰："三代之得天下也以仁，其失天下也以不仁，國之所以廢興存亡者亦然。[一]天子不仁，不保四海；諸侯不仁，不保社稷；卿大夫不仁，不保宗廟；士庶人不仁，不保四體。今惡死亡而樂不仁，是由惡醉而強酒。"[二]

[一]三代，夏、殷、周。國，謂公侯之國。存亡在仁與不仁也。
[二]保，安也。四體，身之四肢。彊酒則必醉也。《章指》言：人所以安，莫若爲仁〔一〕，惡而弗去，患必及身，自上達下，其道一焉。

（七·四）

孟子曰："愛人不親反其仁，治人不治反其智，禮人不答反其敬。行有不得者，皆反求諸己，其身正而天下歸之。[一]《詩》云：'永言配命，自求多福。'"[二]

[一]反其仁，己仁獨未至邪？反其智，己智猶未足邪？反其敬，己敬獨未恭邪？反求諸身，身已正則天下歸就之，服其德也。
[二]此詩已見上篇，其義同。《章指》言：行有不得於人，一求諸身，責己之道也。改行飭躬，福則至矣。

〔一〕莫若爲仁 "仁"，底本作"人"，據《天祿琳琅》本、阮刻本改。

(七·五)

　　孟子曰："人有恒言，皆曰天下國家。[一]天下之本在國，國之本在家，家之本在身。"[二]

　　[一] 恒，常也。人之常語也。天下謂天子之所主，國謂諸侯之國，家謂卿大夫之家也。
　　[二] 治天下者，不得良諸侯，無以爲本。治其國者，不得良卿大夫，無以爲本。治其家者，不得良身，無以爲本也。《章指》言：天下國家，各依其本，本正則立，本傾則踣。雖曰常言，必須敬慎也。

(七·六)

　　孟子曰："爲政不難，不得罪於巨室。[一]巨室之所慕，一國慕之；一國之所慕，天下慕之：故沛然德教溢乎四海。"[二]

　　[一] 巨室，大家也。謂賢卿大夫之家、人所則效者。言不難者，但不使巨室罪之，則善也。
　　[二] 慕，思也。賢卿大夫，一國思隨其所善惡，一國思其善政，則天下思以爲君矣。沛然大洽德教，可以滿溢於四海之內。《章指》言：天下傾心，思慕嚮善，巨室不罪，咸以爲表，德之流行，可以充四海也。

(七·七)

　　孟子曰："天下有道，小德役大德，小賢役大賢。天下無道，小役大，弱役強。斯二者，天也。順天者存，逆天者亡。^[一]齊景公曰:'既不能令,又不受命,是絶物也。'涕出而女於吳。^[二]今也小國師大國而恥受命焉,是猶弟子而恥受命於先師也。^[三]如恥之,莫若師文王。師文王,大國五年,小國七年,必爲政於天下矣。^[四]《詩》云:'商之孫子,其麗不億,上帝既命,侯于周服。侯服于周,天命靡常,殷士膚敏,裸將于京。'^[五]孔子曰:'仁不可爲衆也,夫國君好仁,天下無敵。'^[六]今也欲無敵於天下而不以仁,是猶執熱而不以濯也。詩云:'誰能執熱,逝不以濯。'"^[七]

[一] 有道之世,小德、小賢樂爲大德、大賢役,服於賢德也。無道之時,小國、弱國畏懼而役於大國、強國也。此二者天時所遭也,當順從之,不當逆也。

[二] 齊景公,齊侯。景,謚也。言諸侯既不能令告鄰國,使之進退,又不能事大國,往受教命,是所以自絶於物。物,事也。大國不與之通朝聘之事也。吳,蠻夷也,時爲強國,故齊侯畏而恥之,泣涕而與爲婚。

[三] 今小國以大國爲師,學法度焉,而恥受命教,不從其進退,譬猶弟子不從師也。

[四] 文王行仁政,以移殷民之心,使皆就之。今師效文王,大國不過五年,小國七年,必得政於天下矣。文王時難,故百年乃洽。今之時易,文王由百里起,今大國乃踰千里,過之十倍有餘,故五年足以爲政;小國差之,故七年。

[五] 《詩》,《大雅·文王》之篇。麗、億,數也。言殷帝之子孫,其數雖不但億萬人,天既命之,惟服於周。殷之美士,執裸

暢之禮〔一〕,將事於京師,若微子者。膚,大。敏,達也。此天命之無常也。

[六] 孔子云:行仁者,天下之衆不能當也。諸侯有好仁者,天下無敢與之爲敵。

[七]《詩》,《大雅·桑柔》之篇。誰能持熱而不以水濯其手,喻爲國誰能違仁而無敵也。《章指》言:遭衰逢亂,屈服強大,據國行仁,天下莫敵。雖有億衆,無德不親。執熱須濯,明不可違仁也。

(七·八)

孟子曰:"不仁者可與言哉?安其危而利其菑,樂其所以亡者。不仁而可與言,則何亡國敗家之有?〔一〕有孺子歌曰:'滄浪之水清兮,可以濯我纓。滄浪之水濁兮,可以濯我足。'孔子曰:'小子聽之,清斯濯纓,濁斯濯足矣。自取之也。'〔二〕夫人必自侮,然後人侮之;家必自毀,然後人毀之;國必自伐,而後人伐之。〔三〕《大甲》曰:'天作孽,猶可違。自作孽,不可活。'此之謂也。"〔四〕

[一] 言不仁之人,以其所以爲危者反以爲安,必以惡見亡而樂行其惡,如使其能從諫從善,可與言議,則天下何有亡國敗家也。

[二] 孺子,童子也。小子,孔子弟子也。清濁所用〔二〕,尊卑若此。自取之,喻人善惡見尊賤乃如此。

[三] 人先自爲可侮慢之行,故見侮慢也;家先自爲可毀壞之道,

〔一〕 執裸暢之禮 "暢",《天祿琳琅》本同,阮刻本作"鬯"。
〔二〕 清濁所用 "濁",底本作"濯",據《天祿琳琅》本、阮刻本改。

故見毀也；國先自爲可誅伐之政，故見伐也。

［四］已見上篇，説同。《章指》言：人之安危，皆由於己，先自毀伐，人乃攻討，甚於天孽，敬慎而已，如臨深淵，戰戰恐慄也。

(七·九)

孟子曰："桀紂之失天下也，失其民也。失其民者，失其心也。[一] 得天下有道，得其民，斯得天下矣。得其民有道，得其心，斯得民矣。得心有道，所欲與之聚之，所惡勿施爾也。[二] 民之歸仁也，猶水之就下，獸之走壙也。故爲淵敺魚者獺也，爲叢敺爵者鸇也，爲湯武敺民者桀與紂也。今天下之君有好仁者，則諸侯皆爲之敺矣。雖欲無王，不可得已。[三] 今之欲王者，猶七年之病求三年之艾也。苟爲不畜，終身不得。苟不志於仁，終身憂辱，以陷於死亡。[四]《詩》云'其何能淑，載胥及溺'，此之謂也。"[五]

［一］失其民之心，則天下畔之，簞食壺漿以迎武王之師是也。

［二］欲得民心，聚其所欲而與之。爾，近也。勿施行其所惡，使民近，則民心可得矣。

［三］民之思明君，猶水樂埤下，獸樂壙野，敺之則歸其所樂。獺，獱也。鸇，土鸇也。故云諸侯好爲仁者，敺民若此也。湯武行之矣，如有則之者，雖欲不王，不可得也。

［四］今之諸侯欲行王道，而不積其德。如至七年病，而卻求三年時艾，當畜之乃可得，以三年時不畜藏之，至七年欲卒求之，何可得乎？艾可以爲灸人病，乾久益善，故以爲喻志仁者亦久行之，不行之，則憂辱以陷死亡，桀紂是也。

［五］《詩》，《大雅·桑柔》之篇。淑，善也。載，辭也。胥，相也。刺時君臣何能爲善乎？但相與爲沈溺之道也。《章指》言：水性趨下，民樂歸仁。桀紂之敺，使就其君。三年之艾，畜而可得。一時欲仁，猶將沈溺。所以明鑒戒也。

(七·十)

孟子曰："自暴者不可與有言也，自棄者不可與有爲也。言非禮義，謂之自暴也。吾身不能居仁由義，謂之自棄也。[一]仁，人之安宅也。義，人之正路也。曠安宅而弗居，舍正路而不由，哀哉！"[二]

［一］言人尚自暴自棄，何可與有言有爲。
［二］曠，空。舍，縱。哀，傷也。弗由居是者，是可哀傷也。《章指》言：曠仁舍義，自暴棄之道也。

(七·十一)

孟子曰："道在邇而求諸遠，事在易而求諸難。人人親其親，長其長，而天下平。"[一]

［一］邇，近也。道在近，而患人求之遠也。事在易，而苦人求之難也。謂不親其親，不事其長，故其事遠而難也。《章指》言：親親敬長，近取諸己，則邇而易也。

(七·十二)

孟子曰："居下位而不獲於上，民不可得而治也。獲於上有道，不信於友，弗獲於上矣。信於友有道，事親弗悦，弗信於友矣。悦親有道，反身不誠，不悦於親矣。誠身有道，不明乎善，不誠其身矣。[一]是故誠者，天之道也。思誠者，人之道也。至誠而不動者，未之有也。不誠，未有能動者也。"[二]

[一]言人求上之意，先從己始，本之於心。心不正而得人意者，未之有也。

[二]授人誠善之性者，天也，故曰天道。思行其誠以奉天者，人道也。至誠則動金石，不誠則鳥獸不可親狎，故曰未有能動者也。《章指》言：事上得君，乃可臨民；信友悦親，本在於身。是以曾子三省，大雅矜矜，以誠爲貴也。

(七・十三)

孟子曰："伯夷辟紂，居北海之濱，聞文王作興，曰：'盍歸乎來！吾聞西伯善養老者。'[一]太公辟紂，居東海之濱，聞文王作興，曰：'盍歸乎來！吾聞西伯善養老者。'[二]二老者，天下之大老也，而歸之，是天下之父歸之也。天下之父歸之，其子焉往？[三]諸侯有行文王之政者，七年之内，必爲政於天下矣。"[四]

[一]伯夷讓國，遭紂之世，辟之，隱遁北海之濱，聞文王起興王道，"盍歸乎來"，歸周也。

[二]太公，呂望也，亦辟紂世，隱居東海，曰聞西伯養老。二人皆老矣，往歸文王也。

[三]此二老猶天下之父也，其餘皆天下之子耳。子當隨父，二父往矣，子將安如？言皆將往也。

［四］今之諸侯，如有能行**文王**之政者，七年之間，必足以爲政矣。天以七紀，故七年。**文王**時難故久，衰**周**時易故速也。上章言大國五年者，大國地廣人衆，易以行善，故五年足以治也。《章指》言：養老尊賢，國之上務，**文王**勤之，二老遠至。父來子從，天之順道。七年爲政，以勉諸侯，欲使庶幾於行善也。

(七·十四)

孟子曰："**求**也爲**季氏**宰，無能改於其德，而賦粟倍他日。**孔子**曰：'**求**非我徒也，小子鳴鼓而攻之可也。'[一]由此觀之，君不行仁政而富之，皆棄於**孔子**者也，況於爲之強戰？爭地以戰，殺人盈野；爭城以戰，殺人盈城：此所謂率土地而食人肉，罪不容於死。[二]故善戰者服上刑，連諸侯者次之，辟草萊、任土地者次之。"[三]

［一］**求**，孔子弟子冉求。**季氏**，**魯**卿季康子。宰，家臣。小子，弟子也。**孔子**以冉求不能改季氏使從善，爲之多斂賦粟，故欲使弟子鳴鼓以聲其罪，而攻伐責讓之。曰"**求非我徒**"，疾之也。

［二］孔子棄富不仁之君者，況於爭地而殺人滿之乎？此若率土地使食人肉也。言其罪大，死刑不足以容之。

［三］**孟子**言天道重生，戰者殺人，故使善戰者服上刑。上刑，重刑也。連諸侯，合從者也，罪次善戰者。辟草任地，不務脩德而富國者，罪次合從連橫之人也。《章指》言：聚斂富君，棄於**孔子**。**冉求**行之，同聞鳴鼓。以戰殺民，土食人肉，罪

不容死，以爲大戮，重人命之至也。

（七·十五）

孟子曰："存乎人者，莫良於眸子。眸子不能奄其惡。[一]胸中正則眸子瞭焉，胸中不正則眸子眊焉。[二]聽其言也，觀其眸子，人焉廋哉！"[三]

[一] 眸子，目瞳子也。存人，存在人之善惡也。
[二] 瞭，明也。眊者，蒙蒙目不明之貌。
[三] 廋，匿也。聽言察目，言正視端，人情可見，安可匿哉。《章指》言：目可神候，精之所在，存而察之，善惡不隱，知人之道，斯爲審矣。

（七·十六）

孟子曰："恭者不侮人，儉者不奪人。侮奪人之君，惟恐不順焉，惡得爲恭儉？[一]恭儉豈可以聲音笑貌爲哉？"[二]

[一] 爲恭敬者，不侮慢人。爲廉儉者，不奪取人。有好侮奪人之君，有貪陵之性，恐人不順從其所欲，安得爲恭儉之行也？
[二] 恭儉之人，儼然無欲，自取其名，豈可以和聲諂笑之貌強爲之哉。《章指》言：人君恭儉，率下移風，人臣恭儉，明其廉忠。侮奪之惡，何由干之，而錯其心。

（七·十七）

淳于髡曰："男女授受不親，禮與？"[一]
孟子曰："禮也。"[二]

曰："嫂溺，則援之以手乎？"[三]

曰："嫂溺不援，是豺狼也。[四]男女授受不親，禮也。嫂溺援之以手者，權也。"[五]

曰："今天下溺矣，夫子之不援，何也？"[六]

曰："天下溺，援之以道。嫂溺，援之以手。子欲手援天下乎？"[七]

[一] 淳于髡，齊人也。問禮男女不相親授。

[二] 禮不親授。

[三] 髡曰：見嫂溺水，則當以手牽援之否邪？

[四] 孟子曰：人見嫂溺，不援出，是爲豺狼之心也。

[五] 孟子告髡曰：此權也。權者，反經而善也。

[六] 髡曰：今天下之道溺矣，夫子何不援之。

[七] 孟子曰：當以道援天下，而道不得行，子欲使我以手援天下乎。《章指》言：權時之義，嫂溺援手。君子大行，拯世以道，道之指也。

(七·十八)

公孫丑曰："君子之不教子，何也？"[一]

孟子曰："勢不行也。教者必以正；以正不行，繼之以怒；繼之以怒，則反夷矣。夫子教我以正，夫子未出於正也，則是父子相夷也。父子相夷，則惡矣。[二]古者易子而教之，父子之間不責善，責善則離，離則不祥莫大焉。"[三]

[一] 問父子不親教，何也？

[二] 父親教子，其勢不行。教以正道而不能行，則責怒之。夷，

傷也。父子相責怒，則傷義矣。一説曰：父子反自相非，若夷狄也。子之心責其父，云：夫子教我以正道，而夫子之身未必自行正道也。執此意則爲反夷矣，故曰惡也。

[三] 易子而教，不欲自相責以善也。父子主恩，離則不祥莫大焉。《章指》言：父子至親，相責離恩。易子而教，相成以仁，教之義也。

(七·十九)

孟子曰："事孰爲大？事親爲大。守孰爲大？守身爲大。不失其身而能事其親者，吾聞之矣。失其身而能事其親者，吾未之聞也。[一] 孰不爲事？事親，事之本也。孰不爲守？守身，守之本也。[二] 曾子養曾晳，必有酒肉。將徹，必請所與，問：'有餘？'必曰：'有。'曾晳死，曾元養曾子，必有酒肉。將徹，不請所與，問：'有餘？'曰：'亡矣。'將以復進也。此所謂養口體者也。若曾子，則可謂養志也。事親若曾子者可也。"[三]

[一] 事親，養親也。守身，使不陷於不義也。失仁義，則何能事父母乎？

[二] 先本後末，事守乃立也。

[三] 將徹請所與，問曾晳所欲與子孫所愛者也，必曰有，恐違親意也，故曰養志。曾元曰"無"，欲以復進曾子也，不求親意，故曰養口體也。事親之道，當如曾子之法，乃爲至孝也。《章指》言：上孝養志，下孝養體，曾參事親，可謂至矣。孟子言之，欲令後人則曾子也。

(七·二十)

孟子曰："人不足與適也，政不足與間也。惟大人爲能格君心之非。"[一]君仁莫不仁，君義莫不義，君正莫不正，一正君而國定矣。"[二]

[一] 適，過也。《詩》云："室人交徧讁我。"間，非。格，正也。時皆小人居位，不足過責也。政教不足復非説，獨得大人爲輔臣，乃能正君之非法度也。

[二] 正君之身，一國定矣。欲使大人正之。《章指》言：小人爲政，不足間非；賢臣正君，使握道機。君正國定，下不邪侈，將何間也。

(七·二十一)

孟子曰："有不虞之譽，有求全之毀。"[一]

[一] 虞，度也。言人之行，有不度其將有名譽而得者，若尾生本與婦人期於梁下，不度水之卒至，遂至没溺，而獲守信之譽。求全之毀，若陳不瞻將赴君難，聞金鼓之聲，失氣而死，可謂欲求全其節，而反有怯弱之毀者也。《章指》言：不虞獲譽，不可爲戒；求全受毀，未足懲咎：君子正行，不由斯二者也。

(七·二十二)

孟子曰："人之易其言也，無責耳矣。"[一]

[一] 人之輕易其言，不得失言之咎責也。一説人之輕易不肯諫正

君者，以其不在言責之位者也。《章指》言：言出於身，駟不及舌，不惟其責，則易之矣。

(七·二十三)

孟子曰："人之患，在好爲人師。"[一]

[一] 人之所患，患於不知己未有可師而好爲人師者，惑也。《章指》言：君子好謀而成，臨事而懼，時然後言，畏失言也。故曰師哉師哉，桐子之命，不慎則有患矣。

(七·二十四)

樂正子從於子敖之齊。
樂正子見孟子。[一]孟子曰："子亦來見我乎？"[二]
曰："先生何爲出此言也？"[三]
曰："子來幾日矣？"[四]
曰："昔者。"[五]
曰："昔者，則我出此言也，不亦宜乎？"[六]
曰："舍館未定。"[七]
曰："子聞之也，舍館定然後求見長者乎？"[八]
曰："克有罪。"[九]

[一] 魯人樂正克，孟子弟子也，從於齊之右師子敖。子敖使而之魯，樂正子隨之來之齊也。孟子在齊，樂正子見之也。

[二] 孟子見其來見遲，故云亦來也。

[三] 樂正子曰：先生何爲非克而出此言。

[四] 孟子問子來幾日乎？

［五］克曰：昔者來至。昔者，往也。謂數日之間也。

［六］孟子曰：昔者來至，而今乃來，我出此言，亦其宜也。孟子重愛樂正子，欲亟見之，思深望重也。

［七］克曰：所止舍館未定，故不即來也。館，客舍。

［八］孟子曰：子聞見長者之禮當須舍館定乃見之乎？

［九］樂正子謝過服罪也。《章指》言：尊師重道，敬賢事長，人之大綱。樂正子好善，故孟子譏之，責賢者備也。

(七·二十五)

孟子謂樂正子曰："子之從於子敖來，徒餔啜也。我不意子學古之道而以餔啜也。"[一]

［一］子敖，齊之貴人右師王驩也。學而不行其道，徒食飲而已，謂之餔啜也。樂正子本學古聖人之道，而今隨從貴人，無所匡正，故言不意子但餔啜也。《章指》言：學優則仕，仕以行道，否則隱逸，免置窮處。餔啜沈浮，君子不與。是以孟子咨嗟樂正子也。

(七·二十六)

孟子曰："不孝有三，無後爲大。[一]舜不告而娶，爲無後也，君子以爲猶告也。"[二]

［一］於禮有不孝者三事，謂阿意曲從，陷親不義，一不孝也。家貧親老，不爲祿仕，二不孝也。不娶無子，絕先祖祀，三不孝也。三者之中，無後爲大。

［二］舜懼無後，故不告而娶。君子知舜告焉不得而娶，娶而告父

母,禮也;舜不以告,權也。故曰猶告,與告同也。《章指》言:量其輕重,無後不可,是以大舜受堯二女。夫三不孝,蔽者所聞,至於大聖,卓然匪疑,所以垂法也。

(七・二十七)

孟子曰:"仁之實,事親是也。義之實,從兄是也。智之實,知斯二者弗去是也。[一]禮之實,節文斯二者是也。樂之實,樂斯二者。[二]樂則生矣,生則惡可已也。惡可已,則不知足之蹈之,手之舞之。"[三]

[一] 事皆有實。事親從兄,仁義之實也。知仁義所用而不去之,則智之實也。

[二] 禮樂之實,節文事親從兄,使不失其節,而文其禮敬之容,而中心樂之也。

[三] 樂此事親從兄,出於中心,則樂生其中矣。樂生之至,安可已也,豈從自覺足蹈節、手舞曲哉[一]。《章指》言:仁義之本,在於孝弟;孝弟之至,通於神明;況於歌舞,不能自知,蓋有諸中形於外也。

(七・二十八)

孟子曰:"天下大悦而將歸己,視天下悦而歸己猶草芥也,惟舜爲然。[一]不得乎親,不可以爲人。不順乎親,不可以爲子。舜盡事親之道,而瞽瞍厎豫。瞽瞍厎豫,而天下化。瞽瞍厎豫,而天下之爲父子者定。此之謂大

〔一〕 豈從自覺足蹈節手舞曲哉 "從",《天禄琳琅》本、阮刻本作"能"。

孝。"〔二〕

〔一〕舜不以天下將歸己爲樂，號泣于天。

〔二〕舜以不順親意爲非人子。厎，致也。豫，樂也。瞽瞍，頑父也。盡其孝道，而頑父致樂，使天下化之，爲父子之道者定也。《章指》言：以天下之貴富，爲不若得意於親，故能懷協頑嚚，厎豫而欣，天下化之，父子加親，故稱盛德者，必百世祀，無與比崇也。

孟子卷第八

離婁章句下

(八·一)

　　孟子曰:"舜生於諸馮,遷於負夏,卒於鳴條,東夷之人也。[一]文王生於岐周,卒於畢郢,西夷之人也。[二]地之相去也千有餘里,世之相後也千有餘歲,得志行乎中國,若合符節。先聖後聖,其揆一也。"[三]

　　[一] 生,始。卒,終。記終始也。諸馮、負夏、鳴條,皆地名。負,負海也。在東方夷服之地,故曰東夷之人也。

　　[二] 岐周、畢郢,地名也。岐山下周之舊邑,近畎夷。畎夷在西,故曰西夷之人也。《書》曰:"大子發上祭于畢,下至于盟津。"畢,文王墓,近於酆鎬也。

　　[三] 土地相去千有餘里以外也。舜至文王,千二百歲。得志行政於中國,謂王也。如合符節,節,玉節也,《周禮》有六節。揆,度也,言聖人之度量同也。《章指》言:聖人殊世而合其道,地雖不比,由通一軌,故可以爲百王法也。

(八·二)

　　子產聽鄭國之政,以其乘輿濟人於溱洧。[一]孟子曰:"惠而不知爲政。歲十一月徒杠成,十二月輿梁成,民未病涉也。[二]君子平其政,行辟人可也,焉得人人而濟之。故爲政者,每人而悦之,日亦不足矣。"[三]

　　[一] 子產,鄭卿。爲政,聽訟也。溱洧,水名。見人有冬涉者,

仁心不忍，以其乘車渡之也。

[二] 以爲子產有惠民之用，而不知爲政，當以時脩橋梁，民何由病苦涉水乎？<u>周十一月</u>，夏九月，可以成步渡之功。<u>周十二月</u>，夏十月，可以成輿梁也。

[三] 君子爲國家平治政事刑法，使無違失其道，辟除人，使卑辟尊可爲也，安得人人濟渡於水乎？每人輒欲自加恩，以悅其意，則日力不足以足之也。《章指》言：重民之道，平政爲首，人君由天，天不家撫。是故<u>子產渡人</u>，<u>孟子</u>不取也。

(八·三)

<u>孟子</u>告<u>齊宣王</u>曰："君之視臣如手足，則臣視君如腹心。君之視臣如犬馬，則臣視君如國人。君之視臣如土芥，則臣視君如寇讎。"[一]

王曰："禮，爲舊君有服，何如斯可爲服矣？"[二]

曰："諫行言聽，膏澤下於民，有故而去，則君使人導之出疆，又先於其所往，去三年不反，然後收其田里，此之謂三有禮焉。如此則爲之服矣。[三]今也爲臣，諫則不行，言則不聽，膏澤不下於民，有故而去，則君搏執之，又極之於其所往，去之日，遂收其田里，此之謂寇讎。寇讎何服之有？"[四]

[一] 芥，草芥也。臣緣君恩以爲差等，其心所執若是也。

[二] <u>宣王</u>問禮舊臣爲舊君服喪服，問君恩何如則可爲服。

[三] 爲臣之時，諫行言從〔一〕，惠澤加民。若有他故，不得不行，

───────────
〔一〕 諫行言從 "諫"，《天祿琳琅》本同，阮刻本作"謀"。

譬如華元奔晉、隨會奔秦是也。古之賢君遭此，則使人導之出境，又先至其所到之國言其賢良。三年不反，乃收其田萊及里居也。此三者有禮，則爲之服矣。

［四］搏執其族親也。極者，惡而困之也。遇臣若寇讎，何服之有乎？《章指》言：君臣之道，以義爲表，以恩爲裏，表裏相應，猶若影響。舊君之服，蓋有所興，諷諭宣王，勸以仁也。

(八·四)

孟子曰："無罪而殺士，則大夫可以去。無罪而戮民，則士可以徙。"［一］

［一］惡傷其類，視其下等，懼次及也。語曰："鳶鵲蒙害，仁鳥曾逝。"此之謂也。《章指》言：君子見幾而作，故趙殺鳴犢，孔子臨河而不濟也。

(八·五)

孟子曰："君仁莫不仁，君義莫不義。"［一］

［一］君者，一國所瞻仰以爲法，故必從之。《章指》言：君以仁義率衆，孰不順焉，上爲下效也。

(八·六)

孟子曰："非禮之禮，非義之義，大人弗爲。"［一］

［一］若禮而非禮，陳質娶婦而長拜之也。若義而非義，藉交報仇是也。此皆大人所不爲也。《章指》言：禮義，人之所以折

中，履其正者，乃可爲中，是以大人不行疑禮。

(八·七)

孟子曰："中也養不中，才也養不才，故人樂有賢父兄也。[一]如中也棄不中，才也棄不才，則賢不肖之相去，其間不能以寸。"[二]

[一] 中者，履中和之氣所生，謂之賢。才者，謂人之有俊才者。有此賢者，當以養育教誨不能，進之以善，故樂父兄之賢以養己也。

[二] 如使賢者棄愚，不養其所當養，則賢亦近愚矣。如此，賢不肖相覺，何能分寸，明不可不相訓導也。《章指》言：父兄已賢，子弟旣頑，教而不改，乃歸自然。

(八·八)

孟子曰："人有不爲也，而後可以有爲。"[一]

[一] 人不爲苟得，乃能有讓千乘之志。《章指》言：貴廉賤恥〔一〕，乃有不爲。不爲非義，義乃可申。

(八·九)

孟子曰："言人之不善，當如後患何！"[一]

[一] 人之有惡，惡人言之。言之，當如後有患難及己乎。《章指》言：好言人惡，殆非君子，故曰："不忮不求，何用不臧。"

――――――

〔一〕貴廉賤恥　此四字《天祿琳琅》本同，阮刻本作"貴賤廉恥"。

(八·十)

　　孟子曰："仲尼不爲已甚者。"[一]

　　[一]仲尼彈邪以正，正斯可矣，不欲其已甚泰過也。《章指》言：《論》曰："疾之已甚，亂也。"故孟子譏踰牆距門者也。

(八·十一)

　　孟子曰："大人者，言不必信，行不必果，惟義所在。"[一]

　　[一]果，能也。大人杖義，義有不得必信其言，子爲父隱也。有不能得果行其所欲行者，若親在不得以其身許友也。義或重於信，故曰惟義所在。《章指》言：大人之行，行其重者，不信不果，所求合義也。

(八·十二)

　　孟子曰："大人者，不失其赤子之心者也。"[一]

　　[一]大人謂君。國君視民，當如赤子，不失其民心之謂也。一説曰：赤子，嬰兒也。少小之心，專一未變化，人能不失其赤子時心，則爲貞正大人也。《章指》言：人之所愛，莫過赤子，視民則然，民懷之矣。大人之行，不過是也。

(八·十三)

　　孟子曰："養生者不足以當大事，惟送死可以當大事。"[一]

　　[一]孝子事親致養，未足以爲大事，送終如禮，則爲能奉大事

也。《章指》言：養生竭力，人情所勉。哀死送終，行之高者，事不違禮，可謂難矣，故謂之大事。

（八·十四）

孟子曰："君子深造之以道，欲其自得之也。^[一]自得之，則居之安；居之安，則資之深；資之深，則取之左右逢其原：故君子欲其自得之也。"^[二]

[一] 造，致也。言君子學問之法，欲深致極竟之以知道意，欲使己得其原本，如性自有之也。

[二] 居之安，若己所自有也。資，取也。取之深，則得其根也。左右取之，在所逢遇皆知其原本也，故使君子欲自得之也。《章指》言：學必根原，如性自得，物來能名，事來不惑，君子好之，朝益暮習，道所以臻也。

（八·十五）

孟子曰："博學而詳說之，將以反說約也。"^[一]

[一] 博，廣。詳，悉也。廣學悉其微言而說之者，將以約說其要，意不盡知，則不能要言之也。《章指》言：廣尋道意，詳說其事，要約至義，還反於樸，說之美者也。

（八·十六）

孟子曰："以善服人者，未有能服人者也。以善養人，然後能服天下。天下不心服而王者，未之有也。"^[一]

［一］以善服人之道治世，謂以威力服人者也，故人不心服。以善養人，養之以仁恩，然後心服矣，<u>文王治岐</u>是也。天下不心服，何由而王也。《章指》言：五伯服人，三王服心，其服一也，功則不同。上論<u>堯舜</u>，其是違乎。

（八·十七）

<u>孟子</u>曰："言無實不祥。不祥之實，蔽賢者當之。"［一］

［一］凡言皆有實。孝子之實，養親是也。善之實，仁義是也。祥，善。當，直也。不善之實何等也，蔽賢之人直於不善之實也。《章指》言：進賢受上賞，蔽賢蒙顯戮，故謂之不祥也。

（八·十八）

<u>徐子</u>曰："<u>仲尼</u>亟稱於水，曰：'水哉！水哉！'何取於水也？"［一］

<u>孟子</u>曰："原泉混混，不舍晝夜，盈科而後進，放乎四海。有本者如是，是之取爾。［二］苟爲無本，七八月之間雨集，溝澮皆盈，其涸也，可立而待也。［三］故聲聞過情，君子恥之。"［四］

［一］<u>徐子</u>，<u>徐辟</u>也。問<u>仲尼</u>何取於水而稱之也。
［二］言水不舍晝夜而進。盈，滿。科，坎。放，至也。至於四海者，有原本也。以況於事，有本者皆如是是之取也。
［三］苟，誠也。誠令無本，若<u>周</u>七八月，<u>夏</u>五六月，天之大雨，潦水卒集，大溝小澮皆滿，然其涸乾，可立待者，無本之故

也〔一〕。

〔四〕人無本，行暴得善聲，令聞過其情，若潦水不能久也，故君子恥之。《章指》言：有本不竭，無本則涸，虛聲過實，君子恥諸。是以仲尼在川上曰："逝者如斯。"

(八·十九)

孟子曰："人之所以異於禽獸者幾希，庶民去之，君子存之。〔一〕舜明於庶物，察於人倫。由仁義行，非行仁義也。"〔二〕

〔一〕幾希，無幾也。知義與不知義之間耳。眾民去義，君子存義也。
〔二〕倫，序。察，識也。舜明庶物之情，識人事之序。仁義生於內，由其中而行，非彊力行仁義也。故道性善，言必稱堯舜。《章指》言：人與禽獸，俱含天氣，就利辟害，其間不希。眾人皆然，君子則否，聖人超絶，識仁義之生於己也。

(八·二十)

孟子曰："禹惡旨酒而好善言。〔一〕湯執中，立賢無方。〔二〕文王視民如傷，望道而未之見。〔三〕武王不泄邇，不忘遠。〔四〕周公思兼三王，以施四事，其有不合者，仰而思之，夜以繼日；幸而得之，坐以待旦。"〔五〕

〔一〕旨酒，美酒也。儀狄作酒，禹飲而甘之。遂疏儀狄，而絶旨酒。《書》曰："禹拜讜言。"
〔二〕執中正之道，惟賢速立之，不問其從何方來。舉伊尹以爲相也。

〔一〕無本之故也　此五字《天祿琳琅》本同，阮刻本作"以其無本故也"。

［三］視民如傷者，雍容不動擾也。望道而未至，殷錄未盡，尚有賢臣，道未得至，故望而不致誅於紂也。

［四］泄，狎。邇，近也。不泄狎近賢，不遺忘遠善。近謂朝臣，遠謂諸侯也。

［五］三王，三代之王也。四事，禹、湯、文、武所行事也。不合，已行有不合也。仰而思之，參諸天也。坐而待旦，言欲急施之也。《章指》言：周公能思三王之道，以輔成王大平之隆，禮樂之備，蓋由此也。

（八‧二十一）

孟子曰："王者之跡熄而《詩》亡，《詩》亡然後《春秋》作。［一］晉之《乘》，楚之《檮杌》，魯之《春秋》，一也。'其事則齊桓、晉文，其文則史。'孔子曰：'其義則丘竊取之矣。'"［二］

［一］王者謂聖王也。大平道衰，王跡止熄，頌聲不作，故《詩》亡。《春秋》撥亂，作於衰世也。

［二］此三大國史記之名異。《乘》者，興於田賦乘馬之事，因以爲名；《檮杌》者，嚚凶之類，興於記惡之戒，因以爲名；《春秋》，以二始舉四時，記萬事之名。其事，則五伯所理也。桓文，五伯之盛者，故舉之。其文，史記之文也。孔子自謂竊取之，以爲素王也。孔子人臣，不受君命，私作之，故言竊，亦聖人之謙辭。《章指》言：《詩》可以言，頌詠大平，時無所詠，《春秋》乃興，假史記之文，孔子正之，以匡邪也。

(八·二十二)

　　孟子曰："君子之澤，五世而斬。小人之澤，五世而斬。[一]予未得爲孔子徒也，予私淑諸人也。"[二]

　　[一]澤者，滋潤之澤。大德大凶，流及後世，自高祖至玄孫，善惡之氣乃斷，故曰五世而斬。

　　[二]予，我也。我未得爲孔子門徒也。淑，善也。我私善之於賢人耳，恨不得學於大聖也。《章指》言：五世一體，上下通流，君子小人，斬各有時。企以高山，跌以陷汙，是以孟子恨不及乎仲尼也。

(八·二十三)

　　孟子曰："可以取，可以無取，取傷廉。可以與，可以無與，與傷惠。可以死，可以無死，死傷勇。"[一]

　　[一]三者，皆謂事可出入，不至違義，但傷此名，亦不陷於惡也。《章指》言：廉、惠、勇，人之高行也，喪此三名，列士病諸，故設斯科以進能者也。

(八·二十四)

　　逢蒙學射於羿，盡羿之道，思天下惟羿爲愈己，於是殺羿。[一]孟子曰："是亦羿有罪焉。"[二]
　　公明儀曰："宜若無罪焉。"
　　曰："薄乎云爾，惡得無罪？鄭人使子濯孺子侵衛，衛使庾公之斯追之。子濯孺子曰：'今日我疾作，不可以執弓，吾死矣夫！'[三]問其僕曰：'追我者誰也？'其僕曰：

'庾公之斯也。'曰:'吾生矣。'[四]其僕曰:'庾公之斯,衛之善射者也。夫子曰吾生,何謂也?'曰:'庾公之斯學射於尹公之他,尹公之他學射於我。夫尹公之他,端人也,其取友必端矣。'[五]庾公之斯至,曰:'夫子何爲不執弓?'曰:'今日我疾作,不可以執弓。'曰:'小人學射於尹公之他,尹公之他學射於夫子,我不忍以夫子之道反害夫子。雖然,今日之事,君事也,我不敢廢。'抽矢叩輪,去其金,發乘矢而後反。"[六]

[一] 羿,有窮后羿。逢蒙,羿之家衆也。《春秋傳》曰:"羿將歸自田,家衆殺之。"

[二] 罪羿不擇人也,故以下事喻之。

[三] 孺子,鄭大夫。庾公,衛大夫。疾作,瘧疾。

[四] 僕,御也。孺子曰:吾必生矣。

[五] 端人,用心不邪辟。知我是其道本所出,必不害我也。

[六] 庾公之斯至,竟如孺子之所言。而曰:我不敢廢君事,故叩輪去鏃,使不害人,乃以射孺子,禮射四發而去。乘,四也。《詩》云:"四矢反兮。"孟子言是以明羿之罪,假使如子濯孺子之得尹公之他而教之,何由有逢蒙之禍。《章指》言:求交取友,必得其人,得善以全,養凶獲患,是故子濯濟難,夷羿以殘,可以鑒也。

(八·二十五)

孟子曰:"西子蒙不潔,則人皆掩鼻而過之。[一]雖有惡人,齋戒沐浴,則可以祀上帝。"[二]

［一］西子，古之好女西施也。蒙不絜，以不絜汙巾帽而蒙其頭也。面雖好，以蒙不絜，人過之者皆掩鼻，懼聞其臭也。

［二］惡人，醜類者也。面雖醜而齋戒沐浴，自治絜淨，可以侍上帝之祀。言人當自治以仁義乃爲善也。《章指》言：貌好行惡，西子冒臭，醜人絜服，供事上帝，明當脩飾，惟義爲常也。

(八·二十六)

孟子曰："天下之言性也，則故而已矣。故者以利爲本。[一]所惡於智者，爲其鑿也。[二]如智者若禹之行水也，則無惡於智矣。禹之行水也，行其所無事也。[三]如智者亦行其所無事，則智亦大矣。[四]天之高也，星辰之遠也，苟求其故，千歲之日至，可坐而致也。"[五]

［一］言天下萬物之情性，當順其故，則利之也。改戾其性，則失其利矣。若以杞柳爲桮棬，非杞柳之性也〔一〕。

［二］惡人欲用智而妄穿鑿，不順物〔二〕。

［三］禹之用智，決江疏河，因水之性，因地之宜，引之就下，行其空虛無事之處。

［四］如用智者，不妄改作，作事循理，若禹之行水於無事之處，則爲大智也。

［五］天雖高，星辰雖遠，誠能推求其故常之行，千歲日至之日可坐知也。星辰，日月之會。致，至也。知其日至在何日也。

《章指》言：能脩性守故，天道可知，妄智改常，必與道乖，

〔一〕 言天下萬物……非杞柳之性也　此三十八字《天祿琳琅》本同，阮刻本作"今天下之言性，則以故而已矣。以言其故者，以利爲本耳。若杞柳爲桮棬，非杞柳性也"。

〔二〕 不順物　此句後《天祿琳琅》本、阮刻本有"之性而改道以養之"八字。

性命之旨也。

(八·二十七)

公行子有子之喪。右師往弔，入門，有進而與右師言者，有就右師之位而與右師言者。[一] 孟子不與右師言，右師不悅，曰："諸君子皆與驩言，孟子獨不與驩言，是簡驩也。"[二]

孟子聞之曰："禮，朝廷不歷位而相與言，不踰階而相揖也。我欲行禮，子敖以我爲簡，不亦異乎？"[三]

[一] 公行子，齊大夫也。右師，齊貴臣王驩，字子敖。公行之喪，齊卿大夫以君命會，各有位次，故下云朝廷也。與言者，皆謟於貴人也。

[二] 右師謂孟子簡其無德，故不與言，是以不悅也。

[三] 孟子聞子敖之言，曰：我欲行禮，故不歷位而言，反以我爲簡異也。云以禮者，心惡子敖，而外順其辭也。《章指》言：循禮而動，不合時人；阿意事貴，脅肩所尊，俗之情也。是以萬物皆流，而金石獨止。

(八·二十八)

孟子曰："君子所以異於人者，以其存心也。君子以仁存心，以禮存心。仁者愛人，有禮者敬人。愛人者，人恆愛之。敬人者，人恆敬之。[一] 有人於此，其待我以橫逆，則君子必自反也：'我必不仁也，必無禮也，此物奚宜至哉。'[二] 其自反而仁矣，自反而有禮矣，其橫逆由是也，君子必自反也：'我必不忠。'[三] 自反而忠矣，其橫逆由是也，君子曰：'此亦妄人也已矣。如此，則與禽獸奚擇哉？於禽獸又何難焉？'[四]是故君子有終身之憂，無一朝之患也。乃若所憂則有之：舜，人也；我，亦人也。舜爲法於天下，可傳於後世，我由未免爲鄉人也。是則可憂也。[五]憂之如何？如舜而已矣。[六]若夫君子所患則亡矣，非仁無爲也，非禮無行也。如有一朝之患，則君子不患矣。"[七]

[一] 存，在也。君子之在心者，仁與禮也。愛敬施行於人，人必反報之己也。

[二] 橫逆者，以暴虐之道來加我也。君子反自思省，謂己仁禮不至也。物，事也，推此人何爲以此事來加我。

[三] 君子自謂我必不忠。

[四] 妄人，妄作之人。無知者與禽獸何擇異也？無異於禽獸，又何足難也。

[五] 君子之憂，憂不如堯舜也。

[六] 憂之當如之何乎？如舜而後可，故終身憂也。

[七] 君子之行，本自不致意〔一〕，常行仁行禮，如有一朝橫來之患，非己愆也。故君子歸天，不以爲患也。《章指》言：君子責己，小人不改，比之禽獸，不足難矣。蹈仁行禮，不患其患，惟不若舜，可以憂也。

(八·二十九)

禹稷當平世，三過其門而不入，孔子賢之。顏子當亂世，居於陋巷，一簞食，一瓢飲，人不堪其憂，顏子不改

〔一〕 本自不致意 "意"，《天祿琳琅》本、阮刻本作"患"。

其樂，孔子賢之。孟子曰："禹、稷、顏回同道。[一]禹思天下有溺者，由己溺之也；稷思天下有飢者，由己飢之也：是以如是其急也。禹、稷、顏子，易地則皆然。[二]今有同室之人鬭者，救之，雖被髮纓冠而救之可也。鄉鄰有鬭者，被髮纓冠而往救之，則惑也，雖閉戶可也。"[三]

[一]當平世，三過其門者，身爲公卿，憂民急也。當亂世，安陋巷者，不用於世，窮而樂道也。孟子以爲憂民之道同，用與不用之宜若是也，故孔子俱賢之。

[二]禹稷急民之難若是，顏子與之易地，其心亦然。不在其位，勞佚異矣。

[三]纓冠者，以冠纓貫頭也。鄉鄰，同鄉也。同室相救，是其理也，喻禹稷走赴。鄉人非其事，顏子所以閉戶而高枕也。《章指》言：上賢之士，得聖一概，顏子之心，有同禹稷。時行則行，時止則止，失其節則惑矣。

(八・三十)

公都子曰："匡章，通國皆稱不孝焉。夫子與之遊，又從而禮貌之，敢問何也？"[一]

孟子曰："世俗所謂不孝者五：惰其四支，不顧父母之養，一不孝也；博弈好飲酒，不顧父母之養，二不孝也；好貨財，私妻子，不顧父母之養，三不孝也；從耳目之欲，以爲父母戮，四不孝也；好勇鬭很，以危父母，五不孝也。章子有一於是乎？[二]夫章子，子父責善而不相遇也。責善，朋友之道也。父子責善，賊恩之大者。[三]夫章子豈不欲有夫妻子母之屬哉？爲得罪於父，不得近，出妻屏子，

終身不養焉。[四] 其設心以爲不若是，是則罪之大者。是則章子已矣。"[五]

[一] 匡章，齊人也。一國皆稱不孝，問孟子何爲與之遊，又禮之以顏色喜悦之貌也。

[二] 惰解不作，極耳目之欲以陷罪，戮及父母。凡此五者，人所謂不孝之行，章子豈有一事於是五不孝中也。

[三] 遇，得也。章子子父親教，相責以善，不能相得，父逐之也。朋友切磋，乃當責善耳。父子相責以善，賊恩之大也。

[四] 夫章子豈不欲身有夫妻之配，子有母子之屬哉？但以身得罪於父，不得近父，故出去其妻，屏遠其子，終身不爲妻子所養也。

[五] 章子張設其心，執持此屏妻子之意，以爲人得罪於父，而不若是以自責罰，是則罪益大矣。是章子之行已矣，何爲不可與言。《章指》言：匡章得罪，出妻屏子，上不得養，下以責己，衆曰不孝，其實則否，是以孟子禮貌之也。

(八·三十一)

曾子居武城，有越寇。或曰："寇至，盍去諸？"[一] 曰："無寓人於我室，毀傷其薪木。"寇退，則曰："脩我牆屋，我將反。"[二] 寇退，曾子反。左右曰："待先生如此其忠且敬也，寇至則先去以爲民望，寇退則反，殆於不可。"[三] 沈猶行曰："是非汝所知也。昔沈猶有負芻之禍，從先生者七十人，未有與焉。"[四]

子思居於衛，有齊寇。或曰："寇至，盍去諸？"子思曰："如伋去，君誰與守？"[五]

孟子曰："曾子、子思同道。曾子，師也，父兄也。子思，臣也，微也。曾子、子思易地則皆然。"[六]

[一] 盍，何不也。曾子居武城，有越寇將來，人曰寇方至，何不去之？

[二] 寓，寄也。曾子欲去，戒其守人曰：無寄人於我室，恐其傷我薪草樹木也。寇退，則曰：治牆屋之壞者，我將來反。

[三] 左右相與非議曾子者，言武城邑大夫敬曾子，武城人爲曾子忠謀，勸使避寇，君臣忠敬如此，而先生寇至則先去，使百姓瞻望而效之，寇退安寧則復來還，殆不可如是。怪曾子何以行之也。

[四] 沈猶行，曾子弟子也。行謂左右之人曰：先生之行，非汝所能知也。先生，曾子也。往者先生嘗從門徒七十人，舍吾沈猶氏，時有作亂者曰負芻，來攻沈猶氏，先生率弟子去之，不與其難。言師賓不與臣同。

[五] 伋，子思名也。子思欲助衛君赴難。

[六] 孟子以爲二人同道。曾子爲武城人作師，則其父兄，故去留無毀。子思，微少也，又爲臣，委質爲臣當死難，故不去也。子思與曾子，易地同然。《章指》言：臣當營君，師有餘裕，二人處義，非殊者也。是故孟子紀之，謂得其同。

(八·三十二)

儲子曰："王使人瞯夫子，果有以異於人乎？"[一]
孟子曰："何以異於人哉！堯舜與人同耳。"[二]

[一] 儲子，齊人也。瞯，視也。果，能也。謂孟子曰：王言賢者

身貌必當有異,故使人視夫子能有異於衆人之容乎?

[二]人生同受法於天地之形,我當何以異於人哉?且堯舜之貌與凡同耳。其所以異,乃以仁義之道,在於內也。《章指》言:人以道殊,賢愚體別,頭員足方,善惡如一。儲子之言,齊王之不達也。

(八·三十三)

齊人有一妻一妾而處室者。其良人出,則必饜酒肉而後反。其妻問所與飲食者,則盡富貴也。[一]其妻告其妾曰:"良人出,則必饜酒肉而後反,問其與飲食者,盡富貴也,而未嘗有顯者來。吾將瞷良人之所之也。"[二]

蚤起,施從良人之所之,徧國中無與立談者。卒之東郭墦間之祭者,乞其餘;不足,又顧而之他。此其爲饜足之道也。[三]

其妻歸,告其妾曰:"良人者,所仰望而終身也。今若此!"與其妾訕其良人,而相泣於中庭。[四]而良人未之知也,施施從外來,驕其妻妾。[五]

由君子觀之,則人之所以求富貴利達者,其妻妾不羞也而不相泣者,幾希矣。[六]

[一]良人,夫也。盡富貴者,夫詐言其姓名也。

[二]妻疑其詐,故欲視其所之。

[三]施者,邪施而行,不欲使良人覺也。墦間,郭外冢間也。乞其祭者所餘酒肉也。

[四]妻妾於中庭悲傷其良人,相對涕泣而謗毀之。

[五]施施猶扁扁,喜悅之貌。以爲妻妾不知,如故驕之也。

[六] 由，用也。用君子之道觀，今求富貴者，皆以枉曲之道，昏夜乞哀而求之，以驕人於白日，由此良人爲妻妾所羞爲所泣傷也。幾希者，言今苟求富貴，妻妾雖不羞泣者，與此良人妻妾何異也。《章指》言：小人苟得，謂不見知；君子觀之，與正道乖。妻妾猶羞，況於國人。著以爲戒，恥之甚焉。

孟子卷第九

萬章章句上 [一]

(九·一)

　　萬章問曰："舜往于田，號泣于旻天，何爲其號泣也？"[二]
　　孟子曰："怨慕也。"[三]
　　萬章曰："父母愛之，喜而不忘。父母惡之，勞而不怨。然則舜怨乎？"[四]
　　曰："長息問於公明高曰：'舜往于田，則吾既得聞命矣。號泣于旻天、于父母，則吾不知也。'公明高曰：'是非爾所知也。'[五]夫公明高以孝子之心爲不若是恝，[六]'我竭力耕田，共爲子職而已矣。父母之不我愛，於我何哉？'[七]帝使其子九男二女，百官牛羊倉廩備，以事舜於畎畝之中。[八]天下之士多就之者，帝將胥天下而遷之焉；爲不順於父母，如窮人無所歸。[九]天下之士悅之，人之所欲也，[一〇]而不足以解憂。好色，人之所欲，妻帝之二女，而不足以解憂；富，人之所欲，富有天下，而不足以解憂；貴，人之所欲，貴爲天子，而不足以解憂。人悅之、好色、富、貴，無足以解憂者，惟順於父母可以解憂。[一一]人少則慕父母，知好色則慕少艾，有妻子則慕妻子，仕則慕君，不得於君則熱中。[一二]大孝，終身慕父母，五十而慕者，予於大舜見之矣。"[一三]

　　[一]萬章者，萬，姓；章，名，孟子弟子也。萬章問舜孝，猶《論語》顏淵問仁，因以題篇。

　　[二]問舜往至于田，何爲號泣也？謂耕於歷山之時。

〔三〕言舜自怨遭父母見惡之厄而思慕也。

〔四〕言孝法當不怨，如是舜何故怨？

〔五〕長息，公明高弟子。公明高，曾子弟子。旻天，秋也。憂陰氣也，故訴于旻天。高非息之問不得其義，故曰非爾所知。

〔六〕恝，無愁之貌。孟子以萬章之問，難自距之，故爲言高息之相對如此。夫公明高以爲孝子不得意於父母，自當怨悲，豈可恝恝然無憂哉。因爲萬章具陳其意。

〔七〕我共人子之事，而父母不我愛，於我之身獨有何罪哉？自求責於己而悲感焉。

〔八〕帝，堯也。堯使九子事舜以爲師，以二女妻舜，百官致牛羊倉廩，致粟米之饒，備具饋禮，以奉事舜於畎畝之中。由是遂賜舜以倉廩牛羊，使得自有之。《堯典》曰"釐降二女"，不見九男。孟子時，《尚書》凡百二十篇，逸書有《舜典》之《敘》，亡失其文。孟子諸所言舜事，皆《舜典》及逸書所載〔一〕。獨丹朱以胤嗣之子，臣下以距堯求禪，其餘八庶無事，故不見於《堯典》。猶晉獻公之子九人，五人以事見於《春秋》，其餘四子亦不復見。

〔九〕天下之善士，多就舜而悦之。胥，須也。堯須天下悉治，將遷位而禪之。順，愛也。爲不愛於父母，其爲憂愁，若困窮之人無所歸往也。

〔一〇〕欲，貪也。

〔一一〕言爲人所悦，將見禪爲天子，皆不足以解憂，獨見愛於父母爲可以解己之憂。

〔一〕皆舜典及逸書所載　"舜"，底本、《天祿琳琅》本作"堯"，據阮刻本《校勘記》引段玉裁《尚書撰異》改。

[一二] 慕，思慕也。人少，年少也。艾，美好也。不得於君，失意於君也。熱中，心熱恐懼也。是乃人之情。

[一三] 大孝之人，終身慕父母。若老萊子七十而慕，衣五綵之衣，爲嬰兒匍匐於父母前也。我於大舜見五十而尚慕父母，《書》曰："舜生三十徵庸，三十在位。"在位時尚慕，故言五十也。《章指》言：夫孝者，百行之本，無物以先之。雖富有天下，而不能取悦於其父母，莫有可也。孝道明著則六合歸仁矣。

(九·二)

萬章問曰："《詩》云：'娶妻如之何？必告父母。'信斯言也，宜莫如舜。舜之不告而娶，何也？"[一]

孟子曰："告則不得娶。男女居室，人之大倫也。如告，則廢人之大倫以懟父母，是以不告也。"[二]

萬章曰："舜之不告而娶，則吾既得聞命矣。帝之妻舜而不告，何也？"[三]

曰："帝亦知告焉則不得妻也。"[四]

萬章曰："父母使舜完廩，捐階，瞽瞍焚廩。使浚井，出，從而揜之。[五]象曰：'謨蓋都君，咸我績。[六]牛羊，父母；倉廩，父母。[七]干戈，朕；琴，朕；弤，朕；二嫂，使治朕棲。'[八]象往入舜宮，舜在牀琴，象曰：'鬱陶思君爾。'忸怩。[九]舜曰：'惟茲臣庶，汝其于予治。'[一〇]不識舜不知象之將殺己與？"[一一]

曰："奚而不知也？象憂亦憂，象喜亦喜。"[一二]

曰："然則舜僞喜者與？"[一三]

曰："否！昔者有饋生魚於鄭子產，子產使校人畜之池。校人烹之，反命曰：'始舍之，圉圉焉；少則洋洋焉，攸然而逝。'子產曰：'得其所哉，得其所哉。'[一四]校人出，曰：'孰謂子產智？予既烹而食之，曰：得其所哉！得其所哉！'故君子可欺以其方，難罔以非其道。彼以愛兄之道來，故誠信而喜之，奚僞焉？"[一五]

[一]《詩》，《齊風·南山》之篇。言娶妻之禮，必告父母。舜合信此詩之言，何爲違禮，不告而娶也。

[二]舜父頑母嚚，常欲害舜。告則不聽其娶，是廢人之大倫，以怨懟於父母也。

[三]禮，娶須五禮，父母允答以辭，是相告也。帝，謂堯也。何不告舜父母也？

[四]帝堯知舜大孝，父母止之，舜不敢違，則不得妻之，故亦不告。

[五]完，治。廩，倉。階，梯也。使舜登廩屋，而捐去其階，焚燒其廩也。一説旋階，舜即旋從階下，瞽瞍不知其已下，故焚廩也。使舜浚井，舜入而即出，瞽瞍不知其已出，從而蓋其井，以爲死矣〔一〕。

[六]象，舜異母弟也。謨，謀。蓋，覆也。都，於也。君，舜也，舜有牛羊倉廩之奉，故謂之君。咸，皆。績，功也。象言謀覆於君而殺之者，皆我之功。欲與父母分舜之有，取其善者，故引其功也。

[七]欲以牛羊、倉廩與其父母。

[八]干，楯。戈，戟也。琴，舜所彈五絃琴也。弤，彫弓也。天

〔一〕 以爲死矣　此四字《天禄琳琅》本同，阮刻本作"以爲舜死矣"。

子曰彤弓，堯禪舜天下，故賜之彤弓也。廩，㢈也。二嫂，娥皇、女英。使治㢈，欲以爲妻也。

[九] 象見舜生，在㢈鼓琴，愕然，反辭曰：我鬱陶思君，故來。爾，辭也。忸怩而慚，是其情也。

[一〇] 茲，此也。象素憎舜，不至其宫也，故舜見來而喜曰：惟念此臣衆，汝故助我治事。

[一一] 萬章言：我不知舜不知象之將殺之與[一]？何爲好言順辭以答象也。

[一二] 奚，何也。孟子曰：舜何爲不知象惡己也？仁人愛其弟，憂喜隨之。象方言思君，故以順辭答之。

[一三] 僞，詐也。萬章言如是則爲舜行至誠，而詐喜以悦人矣。

[一四] 孟子言否，云舜不詐喜也。因爲説子産以喻之。子産，鄭子國之子公孫僑，大賢人也。校人，主池沼小吏也。圉圉，魚在水羸劣之貌。洋洋，舒緩摇尾之貌。攸然，迅走水趣深處也。故曰得其所哉。重言之，嘉得魚之志也。

[一五] 方，類也。君子可以事類欺，故子産不知校人之食其魚。象以其愛兄之言來向舜，是亦其類也。故誠信之而喜，何爲僞喜也。《章指》言：仁聖所存者大，舍小從大，達權之義也，不告而娶，守正道也。

(九·三)

萬章問曰："象日以殺舜爲事。立爲天子則放之，何也？"[一]

[一] 將殺之與 "之"，《天禄琳琅》本同，阮刻本作"己"。

孟子曰："封之也。或曰放焉。"[二]

萬章曰："舜流共工于幽州，放驩兜于崇山，殺三苗于三危，殛鯀于羽山，四罪而天下咸服，誅不仁也。象至不仁，封之有庳，有庳之人奚罪焉？仁人固如是乎？在他人則誅之，在弟則封之。"[三]

曰："仁人之於弟也，不藏怒焉，不宿怨焉，親愛之而已矣。親之欲其貴也，愛之欲其富也。封之有庳，富貴之也。身爲天子，弟爲匹夫，可謂親愛之乎？"[四]

"敢問或曰放者何謂也？"[五]

曰："象不得有爲於其國，天子使吏治其國而納其貢稅焉，故謂之放，豈得暴彼民哉！[六] 雖然，'欲常常而見之，故源源而來，不及貢，以政接于有庳'，[七] 此之謂也。"[八]

[一] 怪舜放之何故。

[二] 舜封象于有庳，或有人以爲放之。

[三] 舜誅四佞，以其惡也。象惡亦甚，而封之，仁人用心，當如是乎？罪在他人當誅之，在弟則封之。

[四] 孟子言仁人於弟，不問善惡，親愛之而已。封者欲使富貴耳。身爲天子，弟雖不仁，豈可使爲匹夫也。

[五] 萬章問放之意。

[六] 象不得施教於其國，天子使吏代其治，而納貢賦與之，比諸見放也。有庳雖不得賢君，象亦不侵其民也。

[七] 雖不使象得豫政事，舜以兄弟之恩，欲常常見之無已，故源源而來，如流水之與源通。不及貢者，不待朝貢諸侯常禮乃來也。其間歲歲自至京師，謂若天子以政事接見有庳之君者，實親親之恩也。

［八］此"常常"已下，皆《尚書》逸篇之辭。孟子以告萬章，言此乃象之謂也。《章指》言：懸誠于内者，則外發於事，仁人之心也。象爲無道極矣，友于之性，忘其悖逆，況其仁賢乎。

(九·四)

咸丘蒙問曰："語云：盛德之士，君不得而臣，父不得而子。舜南面而立，堯帥諸侯北面而朝之，瞽瞍亦北面而朝之。舜見瞽瞍，其容有蹙。孔子曰：'於斯時也，天下殆哉，岌岌乎。'不識此語誠然乎哉？"［一］

孟子曰："否！［二］此非君子之言，齊東野人之語也。［三］堯老而舜攝也。《堯典》曰：'二十有八載，放勳乃徂落，百姓如喪考妣。三年，四海遏密八音。'［四］孔子曰：'天無二日，民無二王。'舜既爲天子矣，又帥天下諸侯以爲堯三年喪，是二天子矣。"［五］

咸丘蒙曰："舜之不臣堯，則吾既得聞命矣。［六］《詩》云：'普天之下，莫非王土。率土之濱，莫非王臣。'而舜既爲天子矣，敢問瞽瞍之非臣如何？"［七］

曰："是詩也，非是之謂也。勞於王事，而不得養父母也。曰：'此莫非王事，我獨賢勞也。'［八］故説《詩》者不以文害辭，不以辭害志。以意逆志，是爲得之，如以辭而已矣，《雲漢》之詩曰：'周餘黎民，靡有孑遺。'信斯言也，是周無遺民也。［九］孝子之至，莫大乎尊親。尊親之至，莫大乎以天下養。爲天子父，尊之至也。以天下養，養之至也。［一〇］《詩》曰'永言孝思，孝思惟則'，此之謂也。［一一］《書》曰'祗載見瞽瞍，夔夔齋慄，瞽瞍亦允若'，是爲父

不得而子也。"〔一二〕

[一] 咸丘蒙，孟子弟子。語者，諺語也。言盛德之士，君不敢臣，父不敢子。堯與瞽瞍皆臣事舜，其容有蹙踖不自安也。孔子以爲君父爲臣，炱炱乎不安貌也，故曰殆哉。不知此語實然乎？

[二] 言不然也。

[三] 東野，東作田野之人所言耳。咸丘蒙，齊人也，故聞齊野人之言〔一〕。《書》曰"平秩東作"，謂治農事也。

[四] 孟子言舜攝行事耳，未爲天子也。放勳，堯名。徂落，死也。如喪考妣，思之如父母也。遏，止也。密，無聲也。八音不作，哀思甚也。

[五] 日一，王一，言不得並也。

[六] 不以堯爲臣也。

[七] 《詩》，《小雅·北山》之篇。普，徧。率，循也。徧天下循土之濱，無有非王者之臣，而曰瞽瞍非臣如何也。

[八] 孟子言此詩非舜臣父之謂也。詩言皆王臣也，何爲獨使我以賢才而勞苦，不得養父母乎？是以怨也。

[九] 文，詩之文章所引以興事也。辭，詩人所歌詠之辭。志，詩人志所欲之事。意，學者之心意也。孟子言說《詩》者當本之，不可以文害其辭，文不顯乃反顯也。不可以辭害其志，辭曰："周餘黎民，靡有孑遺。"志在憂旱災，民無孑然遺脫不遭旱災者，非無民也。人情不遠，以己之意逆詩人之志，是爲得其實矣。王者有所不臣，不可謂皆爲王臣，謂舜臣父也。

〔一〕 故聞齊野人之言 "聞"，底本作"問"，據《天祿琳琅》本、阮刻本改。

[一〇] 尊之至，瞽瞍爲天子父；養之至，舜以天下之富奉養其親。至，極也。

[一一]《詩》，《大雅·下武》之篇。周武王所以長言孝道，欲以爲天下法則。此舜之謂也。

[一二]《書》，《尚書》逸篇。祇，敬。載，事也。夔夔齊慄，敬慎戰懼貌。舜既爲天子，敬事嚴父，戰慄以見瞽瞍。瞍亦信知舜之大孝，若是爲父不得而子也，以是解咸丘蒙之疑。《章指》言：孝莫大於嚴父而尊之矣，行莫過於蒸蒸執子之政者也。此聖人之軌道，無有加焉。

(九·五)

萬章曰："堯以天下與舜，有諸？"[一]

孟子曰："否。[二] 天子不能以天下與人。"[三]

"然則舜有天下也，孰與之？"[四]

曰："天與之。"[五]

"天與之者，諄諄然命之乎？"[六]

曰："否。天不言，以行與事示之而已矣。"[七]

曰："以行與事示之者，如之何？"[八]

曰："天子能薦人於天，不能使天與之天下。諸侯能薦人於天子，不能使天子與之諸侯。大夫能薦人於諸侯，不能使諸侯與之大夫。昔者堯薦舜於天而天受之，暴之於民而民受之。故曰：天不言，以行與事示之而已矣。"[九]

曰："敢問薦之於天而天受之，暴之於民而民受之，如何？"[一〇]

曰："使之主祭，而百神享之，是天受之；使之主事而事治，百姓安之，是民受之也。天與之，人與之，故曰天子不能以天下與人。^[一一]舜相堯二十有八載，非人之所能爲也，天也。^[一二]堯崩，三年之喪畢，舜避堯之子於南河之南。天下諸侯朝覲者，不之堯之子而之舜；訟獄者，不之堯之子而之舜；謳歌者，不謳歌堯之子而謳歌舜。故曰天也。夫然後之中國，踐天子位焉。而居堯之宮，逼堯之子，是篡也，非天與也。^[一三]《大誓》曰'天視自我民視，天聽自我民聽'，此之謂也。"^[一四]

[一] 欲知堯實以天下與舜否。

[二] 堯不與之。

[三] 當與天意合之，非天命者，天子不能違天命也。"堯曰咨爾舜，天之曆數在爾躬"，是也。

[四] 萬章言誰與之也。

[五] 孟子言天與之。

[六] 萬章言天有聲音命與之乎。

[七] 孟子曰：天不言語，但以其人之所行善惡，又以其事從而示天下也。

[八] 萬章欲知示之之意。

[九] 孟子言下能薦人於上，不能令上必用之。舜，天人所受，故得天下也。

[一〇] 萬章言天人受之，其事云何。

[一一] 百神享之，祭祀得福也。百姓安之，民皆謳歌其德也。

[一二] 二十八年之久，非人爲也，天與之也。

[一三] 南河之南，遠地南夷也，故言然後之中國。堯子，胤子丹朱。訟獄，獄不決其罪，故訟之。謳歌舜德也。

[一四]《大誓》，《尚書》篇名。自，從也。言天之視聽，從人所

欲也。《章指》言：德合於天，則天爵歸之；行歸於仁，則天下與之。天命不常，此之謂也。

(九·六)

萬章問曰："人有言'至於禹而德衰，不傳於賢而傳於子'，有諸？"[一]

孟子曰："否，不然也。[二]天與賢，則與賢；天與子，則與子。[三]昔者舜薦禹於天，十有七年，舜崩。三年之喪畢，禹避舜之子於陽城，天下之民從之，若堯崩之後不從堯之子而從舜也。禹薦益於天，七年，禹崩。三年之喪畢，益避禹之子於箕山之陰，朝覲、訟獄者不之益而之啓，曰：'吾君之子也。'謳歌者不謳歌益而謳歌啓，曰：'吾君之子也。'丹朱之不肖，舜之子亦不肖。舜之相堯，禹之相舜也，歷年多，施澤於民久。啓賢，能敬承繼禹之道。益之相禹也，歷年少，施澤於民未久。[四]舜、禹、益相去久遠，其子之賢不肖皆天也，非人之所能爲也。莫之爲而爲者，天也。莫之致而至者，命也。[五]匹夫而有天下者，德必若舜禹而又有天子薦之者，故仲尼不有天下。繼世以有天下，[六]天之所廢，必若桀紂者也，故益、伊尹、周公不有天下。[七]伊尹相湯以王於天下，湯崩，大丁未立，外丙二年，仲壬四年。大甲顛覆湯之典刑，伊尹放之於桐三年。大甲悔過，自怨自艾，於桐處仁遷義；三年，以聽伊尹之訓己也，復歸于亳。[八]周公之不有天下，猶益之於夏，伊尹之於殷也。孔子曰：'唐虞禪，夏后、殷、周繼，其義一也。'"[九]

[一]問禹之德衰，不傳於賢而自傳於子，有之否。

〔二〕否，不也。不如人所言。

〔三〕言隨天也。

〔四〕舜薦禹、禹薦益同也，以啓之賢，故天下歸之，益又未久故也。陽城，箕山之陰，皆嵩山下深谷之中以藏處也。

〔五〕莫，無也。人無所欲爲而橫爲之者，天使爲也。人無欲致此事而此事自至者，是其命祿也。

〔六〕仲尼無天子之薦，故不得有天下。繼世之君，雖無仲尼之德，襲父之位，非匹夫，故得有天下也。

〔七〕益值啓之賢，伊尹值大甲能改過，周公值成王有德，不遭桀紂，故以匹夫而不有天下。

〔八〕大丁，湯之大子，未立而薨。外丙立二年，仲壬立四年，皆大丁之弟也。大甲，大丁子也，伊尹以其顛覆典刑，放之於桐邑。處，居也。遷，徙也。居仁徙義，自怨其惡行。艾，治也。治而改過，以聽伊尹之教訓已，故復得歸之於亳，反天子位也。

〔九〕周公與益、伊尹雖有聖賢之德，不遭者時。然孔子言禪、繼其義一也。《章指》言：篤志於仁[一]，則四海宅心；守正不足，則聖位莫繼，丹朱、商均是也。是以聖人孜孜於仁德也。

（九·七）

萬章問曰："人有言'伊尹以割烹要湯'，有諸？"[一]

孟子曰："否，不然。[二]伊尹耕於有莘之野，而樂堯舜之道焉。非其義也，非其道也，祿之以天下弗顧也，繫馬千駟弗視也。非其義也，非其道也，一介不以與人，一介不以取諸人。[三]湯使人以幣聘之，囂囂然曰：'我何以湯

〔一〕篤志於仁　"篤志"，底本作"義"，據《天祿琳琅》本、阮刻本改。

之聘幣爲哉？我豈若處畎畝之中，由是以樂堯舜之道哉？'[四]湯三使往聘之，既而幡然改曰：'與我處畎畝之中，由是以樂堯舜之道，吾豈若使是君爲堯舜之君哉！吾豈若使是民爲堯舜之民哉！吾豈若於吾身親見之哉！'[五]天之生此民也，使先知覺後知，使先覺覺後覺也。予，天民之先覺者也，予將以斯道覺斯民也，非予覺之而誰也？'[六]思天下之民，匹夫匹婦有不被堯舜之澤者，若己推而内之溝中，其自任以天下之重如此，故就湯而説之，以伐夏救民。[七]吾未聞枉己而正人者也，況辱己以正天下者乎？[八]聖人之行不同也，或遠或近，或去或不去，歸絜其身而已矣。[九]吾聞其以堯舜之道要湯，未聞以割烹也。[一〇]《伊訓》曰：'天誅造攻，自牧宮。朕載自亳。'"[一一]

[一] 人言伊尹負鼎俎而干湯，有之否。

[二] 否，不是也。

[三] 有莘，國名。伊尹初隱之時，耕於有莘之國，樂仁義之道。非仁義之道者，雖以天下之祿加之，不一顧而覷也。千駟，四千匹也，雖多，不一眄視也。一介草不以與人，亦不以取於人也。

[四] 湯聞其賢，以玄纁之幣帛往聘之。囂囂，自得之志，無欲之貌也。曰：豈若居畎畝之中而無憂哉，樂我堯舜仁義之道。

[五] 幡，反也。三聘既至，而後幡然改本之計，欲就湯聘，以行其道，使君爲堯舜之君，使民爲堯舜之民。

[六] 覺，悟也。天欲使先知之人悟後知之人。我先悟覺者也，我欲以此仁義之道覺悟此未知之民，非我悟之，將誰教乎。

[七] 伊尹思念不以仁義之道化民者，如己推排内之溝壑中也。自

任之重如此，故就湯説之伐夏桀救民之厄也。

[八] 枉己者尚不能以正人，況於辱己之身而有正天下者也。

[九] 不同，謂所由不同，大要當同歸，但殊塗耳。或遠者，處身遠也；或近者，仕者近君也；或去者，不屑就也；或不去者，云焉能浼我也，歸於身絜不汙己而已。

[一〇] 我聞伊尹以仁義干湯，致湯爲王，不聞以割烹牛羊爲道。

[一一]《伊訓》，《尚書》逸篇名。牧宮，桀宮。朕，我也，謂湯也。載，始也。亳，殷都也。言意欲誅伐桀造作可攻討之罪者，從牧宮桀起自取之也。湯曰我始與伊尹謀之於亳，遂順天而誅也。《章指》言：賢達之理世務也，推正以濟時物，守己直行，不枉道以取容，期於益治而已矣。

(九·八)

萬章問曰："或謂孔子於衛主癰疽，於齊主侍人瘠環，有諸乎？"[一]

孟子曰："否，不然也，好事者爲之也。[二] 於衛主顔讎由。彌子之妻與子路之妻，兄弟也。彌子謂子路曰：'孔子主我，衛卿可得也。'子路以告，孔子曰：'有命。'孔子進以禮，退以義，得之不得曰'有命'。而主癰疽與侍人瘠環，是無義無命也。[三] 孔子不悦於魯衛，遭宋桓司馬，將要而殺之，微服而過宋。是時孔子當阨，主司城貞子，爲陳侯周臣。[四] 吾聞觀近臣，以其所爲主；觀遠臣，以其所主。若孔子主癰疽與侍人瘠環，何以爲孔子？"[五]

[一] 有人以孔子爲然。癰疽，癰疽之醫也。瘠，姓；環，名，侍

人也。衛君、齊君之所近狎人。

[二] 否，不也，不如是也。好事毀人德行者爲之辭也。

[三] 顏讎由，衛賢大夫，孔子以爲主。彌子，彌子瑕也，因子路欲爲孔子主，孔子知彌子幸於靈公，不以正道，故不納之，而歸於命也。孔子進以禮，退應義，必曰有天命也。若主此二人，是爲無義無命也。

[四] 孔子以道不合，不見悅魯衛之君而去適諸侯，遭宋桓魋之故，乃變更微服而過宋。司城貞子，宋卿也，雖非大賢，亦無詔惡之罪，故謐爲貞子。陳侯周，陳懷公子也，爲楚所滅，故無謐，但曰陳侯周。是時孔子遭阨難，不暇擇大賢臣，而主貞子，爲陳侯周臣也。於衛齊無阨難，何爲主癰疽、瘠環者也。

[五] 近臣，當爲遠方來賢者爲主。遠臣自遠而至，當主於在朝之臣賢者。若孔子主於卑幸之臣，是爲凡人耳，何謂孔子得見稱爲聖人。《章指》言：君子大居正，以禮進退，屈伸達節，不違貞信。故孟子辯之，正其大義也。

(九·九)

萬章問曰："或曰'百里奚自鬻於秦養牲者五羊之皮，食牛，以要秦繆公'，信乎？"[一]

孟子曰："否，不然，好事者爲之也。[二] 百里奚，虞人也。晉人以垂棘之璧與屈產之乘，假道於虞以伐虢。宮之奇諫，[三] 百里奚不諫，知虞公之不可諫而去。之秦，年已七十矣，曾不知以食牛干秦繆公之爲汙也，可謂智乎？不可諫而不諫，可謂不智乎？知虞公之將亡而先去之，不可謂不智也。時舉於秦，知繆公之可與有行也而相之，可謂不智乎？

相秦而顯其君於天下，可傳於後世，不賢而能之乎？[四]自鬻以成其君，鄉黨自好者不爲，而謂賢者爲之乎？"[五]

[一] 人言百里奚自賣五羖羊皮，爲人養牛，以是而要繆公之相，實然不。

[二] 好事毀敗人之德行者爲之設此言。

[三] 垂棘，美玉所出地名。屈産，地，良馬所生。乘，四馬也。皆晉國之所寶。宮之奇，虞之賢臣。諫不欲令虞公受璧、馬假晉道。

[四] 百里奚知虞公之不可諫而去之秦，年七十而不知食牛、干人君之爲汙，是爲不智也。欲言其不智，下有三智，知食牛干秦爲不然也。卒相秦，顯其君，不賢之人豈能如是？言其實賢也。

[五] 人自鬻於汙辱，而以傅相成立其君，鄉黨邑里自喜好名者尚不肯爲也，況賢人肯辱身而爲之乎。《章指》言：君子時行則行，時舍則舍，故能顯君明道，不爲苟合而違正也。

孟子卷第十

萬章章句下

(十·一)

孟子曰:"伯夷目不視惡色,耳不聽惡聲,非其君不事,非其民不使,治則進,亂則退。橫政之所出,橫民之所止,不忍居也。思與鄉人處,如以朝衣朝冠坐於塗炭也。當紂之時,居北海之濱,以待天下之清也。故聞伯夷之風者,頑夫廉,懦夫有立志。[一]伊尹曰:'何事非君?何使非民?'治亦進,亂亦進。曰:'天之生斯民也,使先知覺後知,使先覺覺後覺。予,天民之先覺者。予將以此道覺此民也。'思天下之民,匹夫匹婦有不與被堯舜之澤者,如己推而內之溝中,其自任以天下之重也。[二]柳下惠不羞汙君,不辭小官,進不隱賢,必以其道,遺佚而不怨,阨窮而不憫,與鄉人處,由由然不忍去也。'爾爲爾,我爲我,雖袒裼裸裎於我側,爾焉能浼我哉?'故聞柳下惠之風者,鄙夫寬,薄夫敦。[三]孔子之去齊,接淅而行。去魯,曰:'遲遲吾行也,去父母國之道也。'可以速而速,可以久而久,可以處而處,可以仕而仕,孔子也。"[四]

孟子曰:"伯夷,聖之清者也;伊尹,聖之任者也;柳下惠,聖之和者也;孔子,聖之時者也。孔子之謂集大成。集大成也者,金聲而玉振之也。金聲也者,始條理也;玉振之也者,終條理也。[五]始條理者,智之事也;終條理者,聖之事也。[六]智,譬則巧也。聖,譬則力也。由射於百步之外也,其至,爾力也;其中,非爾力也。"[七]

[一] 孟子反覆嗟伯夷、伊尹、柳下惠之德,以爲足以配於聖人,故數章陳之,猶詩人有所誦述,至於數四,蓋其留意者也。義見上篇矣。此復言不視惡色,謂行不正而有美色者,若夏姬之比也。耳不聽惡聲,謂鄭聲也。後世聞其風者,頑貪之夫更思廉絜,懦弱之人更思有立義之志也。

[二] 説與上同。

[三] 鄙狹者更寬優,薄淺者更深厚。

[四] 淅,漬米也。不及炊,避惡亟也。魯,父母之國,遲遲不忍去也,是其道也。孔子聖人,故能量時宜動中權也。

[五] 伯夷清,伊尹任,柳下惠和,皆得聖人之道也。孔子時行則行,時止則止,孔子集先聖之大道,以成己之聖德者也,故能金聲而玉振之。振,揚也。故如金聲之有殺,振揚玉音終始如一也。始條理者,金從革,可始之使條理。終條理者,玉終其聲而不細也,合五德而不撓也。

[六] 智者智理物,聖人終始同。

[七] 以智,譬由人之有技巧也,可學而益之。以聖,譬由力之有多少,自有極限,不可強增。聖人受天性,可庶幾而不可及也。夫射遠而至,爾努力也,其中的者,爾之巧也。思改其手用巧意,乃能中也。《章指》言:聖人由力,力有常也;賢者由巧,巧可增也。仲尼天高,故不可階;他人丘陵,丘陵由可踰。所謂小同而大異者也。

(十・二)

北宫錡問曰:"周室班爵祿也,如之何?"[一]

孟子曰:"其詳不可得聞也。諸侯惡其害己也,而皆去其籍,然而軻也嘗聞其略也。[二] 天子一位,公一位,侯一位，伯一位〔一〕，子男同一位，凡五等也。[三]君一位，卿一位，大夫一位，上士一位，中士一位，下士一位，凡六等。[四]天子之制，地方千里，公侯皆方百里，伯七十里，子男五十里，凡四等。不能五十里，不達於天子，附於諸侯，曰附庸。[五]天子之卿受地視侯，大夫受地視伯，元士受地視子男。[六]大國地方百里，君十卿祿，卿祿四大夫，大夫倍上士，上士倍中士，中士倍下士，下士與庶人在官者同祿，祿足以代其耕也。[七]次國地方七十里，君十卿祿，卿祿三大夫，大夫倍上士，上士倍中士，中士倍下士，下士與庶人在官者同祿，祿足以代其耕也。[八]小國地方五十里，君十卿祿，卿祿二大夫，大夫倍上士，上士倍中士，中士倍下士，下士與庶人在官者同祿，祿足以代其耕也。[九]耕者之所獲，一夫百畝，百畝之糞，上農夫食九人，上次食八人，中食七人，中次食六人，下食五人。庶人在官者，其祿以是爲差。"[一〇]

[一] 北宮錡，衛人。班，列也。問周家班列爵祿，等差謂何？

[二] 詳，悉也。不可得備知也。諸侯欲恣行，憎惡其法度妨害己之所爲〔二〕，故滅去典籍。今《周禮》司祿之官無其職，是則諸侯皆去之，故使不復存也。軻，孟子名。略，麤也。言嘗聞其大綱如此矣。今考之《禮記·王制》則合也。

[三] 公謂上公九命及二王後也。自天子以下，列尊卑之位，凡五等。

[四] 諸侯法天子，臣名亦有此六等，從君下至於士也。

〔一〕 伯一位　此三字底本無，據《天祿琳琅》本、阮刻本補。
〔二〕 憎惡其法度妨害己之所爲　"憎惡"，底本原作"增惡"，據《天祿琳琅》本、阮刻本改。

［五］凡此四等，土地之等差也。天子封畿千里，諸侯方百里，象雷震也。小者不能特達於天子，因大國以名通，曰附庸也。

［六］視，比也。天子之卿、大夫、士所受采地之制也。

［七］公侯之國爲大國，卿祿居於君祿十分之一也，大夫祿居於卿祿四分之一也〔一〕，上士之祿居大夫祿二分之一也，中士、下士轉相倍。庶人在官者，未命爲士者也，其祿比上農夫。士不得耕，以祿代耕也。

［八］伯爲次國，大夫祿居卿祿三分之一也。

［九］子男爲小國，大夫祿居卿祿二分之一也。

［一〇］獲，得也。一夫一婦佃田百畝，百畝之田加之以糞，是爲上農夫，其所得穀足以食九口。庶人在官者，食祿之等差，由農夫有上、中、下之次，亦有此五等，若今之斗食、佐史、除吏也。《章指》言：聖人制祿，上下差敍，貴有常尊，賤有等威。諸侯僭越，滅籍從私。孟子略記，言其大綱，以答北宮子之問。

(十·三)

萬章問曰："敢問友？"［一］

孟子曰："不挾長，不挾貴，不挾兄弟而友。友也者，友其德也，不可以有挾也。［二］孟獻子，百乘之家也，有友五人焉：樂正裘、牧仲，其三人則予忘之矣。獻子之與此五人者友也，無獻子之家者也。此五人者亦有獻子之家，則不與之友矣。［三］非惟百乘之家爲然也，雖小國之君亦有之。費惠公曰：'吾於子思則師之矣，吾於顏般則友之矣。

〔一〕 大夫祿居於卿祿四分之一也　此十二字底本無，據《天祿琳琅》本、阮刻本補。

王順、長息，則事我者也。'〔四〕非惟小國之君爲然也，雖大國之君亦有之。晉平公於亥唐也，入云則入，坐云則坐，食云則食。雖疏食菜羹，未嘗不飽，蓋不敢不飽也。然終於此而已矣，〔五〕弗與共天位也，弗與治天職也，弗與食天祿也。士之尊賢者也，非王公尊賢也。〔六〕舜尚見帝，帝館甥于貳室，亦饗舜，迭爲賓主，是天子而友匹夫也。〔七〕用下敬上謂之貴貴，用上敬下謂之尊賢，貴貴尊賢，其義一也。"〔八〕

〔一〕問朋友之道也。

〔二〕長，年長。貴，貴勢。兄弟，兄弟有富貴者。不挾是乃爲友，謂相友以德也。

〔三〕獻子，魯卿，孟氏也。有百乘之賦。樂正裘、牧仲其五人者，皆賢人無位者也。此五人者，自有獻子之家富貴，而復有德，不肯與獻子友也。獻子以其富貴下此五人，五人屈禮而就也。

〔四〕小國之君，若費惠公者也。王順、長息，德不能見師友，故曰事我者也。

〔五〕大國之君，如晉平公者也。亥唐，晉賢人也，隱居陋巷者，平公常往造之，亥唐言入，平公乃入，言坐乃坐，言食乃食也。疏食，糲食也。不敢不飽，敬賢也。終於此，平公但以此禮下之而已。

〔六〕位、職、祿，皆天之所以授賢者，而平公不與亥唐共之，而但卑身下之，是乃匹夫尊賢者之禮耳。王公尊賢，當與共天職矣。

〔七〕尚，上也。舜在畎畝之時，堯友禮之。舜上見堯，堯舍之於貳室。貳室，副宮也。堯亦就饗舜之所設，更迭爲賓主。禮謂妻父曰外舅，謂我舅者吾謂之甥。堯以女妻舜，故謂舜甥。卒與之天位，是天子之友匹夫也。

［八］下敬上，臣恭於君也；上敬下，君禮於臣也。皆禮所尚，故云其義一也。《章指》言：匹夫友賢，下之以德；王公友賢，授之以爵。大聖之行，千載爲法者也。

（十·四）

萬章曰："敢問交際何心也？"［一］

孟子曰："恭也。"［二］

曰："卻之卻之爲不恭，何哉？"［三］

曰："尊者賜之。曰：其所取之者，義乎？不義乎？而後受之，以是爲不恭，故弗卻也。"［四］

曰："請無以辭卻之，以心卻之。曰：其取諸民之不義也。而以他辭無受，不可乎？"［五］

曰："其交也以道，其接也以禮，斯孔子受之矣。"［六］

萬章曰："今有禦人於國門之外者，其交也以道，其餽也以禮，斯可受禦與？"［七］

曰："不可。《康誥》曰：'殺越人于貨，閔不畏死，凡民罔不譈。'是不待教而誅者也。殷受夏，周受殷，所不辭也。於今爲烈，如之何其受之？"［八］

曰："今之諸侯取之於民也，猶禦也。苟善其禮際矣，斯君子受之，敢問何說也？"［九］

曰："子以爲有王者作，將比今之諸侯而誅之乎？其教之不改而後誅之乎？夫謂非其有而取之者，盜也。充類至，義之盡也。孔子之仕於魯也，魯人獵較，孔子亦獵較。獵

較猶可，而況受其賜乎？"〔一〇〕

曰："然則孔子之仕也，非事道與？"〔一一〕

曰："事道也。"〔一二〕

"事道奚獵較也？"〔一三〕

曰："孔子先簿正祭器，不以四方之食供簿正。"〔一四〕

曰："奚不去也。"〔一五〕

曰："爲之兆也。兆足以行矣，而不行，而後去，是以未嘗有所終三年淹也。〔一六〕孔子有見行可之仕，有際可之仕，有公養之仕。於季桓子，見行可之仕也。於衛靈公，際可之仕也。於衛孝公，公養之仕也。"〔一七〕

〔一〕際，接也。問交接道當執何心爲可者。

〔二〕當執恭敬爲心。

〔三〕萬章問卻不受尊者禮謂之不恭，何然也。

〔四〕孟子曰：今尊者賜己，己問其所取此物寧以義乎？得無不義，乃後受之，以是爲不恭。故不當問尊者不義而卻之也。

〔五〕萬章曰：請無正以不義之辭卻也，心知其不義，以他辭讓，無受之，不可邪。

〔六〕孟子言其來求交己以道理，其接待己有禮者，若斯，孔子受之矣。言可受也。

〔七〕禦人，以兵禦人而奪之貨，如是而以禮道來接己，斯可受乎。

〔八〕孟子曰不可受也。《康誥》，《尚書》篇名。周公戒成王，康叔封。越、于，皆於也。殺於人，取於貨，閔然不知畏死者。譈，殺也，凡民無不得殺之者也。若此之惡，不待君之教命，遭人得討之，三代相傳以此法，不須辭問也。於今爲烈，烈，明法。如之何受其饋也。

［九］萬章曰：今諸侯賦税於民，不由其道，履畝彊求，猶禦人也。欲善其禮以接君子，君子欲受之何説也？君子謂孟子。

［一○］孟子謂萬章曰：子以爲後如有聖人興作，將比地盡誅今之諸侯乎？將教之，其不改者乃誅之乎？言必教之，誅其不改者也。殷之衰，亦猶周之末。武王不盡誅殷之諸侯，滅國五十而已。知後王者亦不盡誅也。謂非其有而竊取之者爲盜。充，滿。至，甚也。滿其類大過至者，但義盡耳，未爲盜也。諸侯本當税民之類者，今大盡耳，亦不可比於禦。孔子隨魯人之獵較。獵較者，田獵相較，奪禽獸得之以祭，時俗所尚，以爲吉祥。孔子不違而從之，所以小同於世也。獵較尚猶可爲，況受其賜而不可也。

［一一］萬章問孔子之仕，非欲事行其道與。

［一二］孟子曰：孔子所仕者，欲事行其道。

［一三］萬章曰：孔子欲事道〔一〕，如何可獵較也。

［一四］孟子曰：孔子仕於衰世，不可卒暴改戾，故以漸正之。先爲簿書以正其宗廟祭祀之器，即其舊禮，取備於國中，不以四方珍食供其所簿正之器。度珍食難常有，乏絶則爲不敬，故獵較以祭也。

［一五］萬章曰：孔子不得行道，何爲不去。

［一六］兆，始也。孔子每仕，常爲之正本造始，欲以次治之，而不見用，占其事始而退。足以行之矣而君不行也，然後則孔子去矣。終者，竟也。孔子未嘗得竟事一國也、三年淹留而不去者也。

［一七］行可，冀可行道也。魯卿季桓子秉國之政，孔子仕之，冀

〔一〕 孔子欲事道 "事"，底本作"仕"，據《天禄琳琅》本、阮刻本改。

可得因之行道也。際，接也。衞靈公接遇孔子以禮，故見之也。衞孝公以國君養賢者之禮養孔子，孔子故宿留以答之矣。《章指》言：聖人憂民，樂行其道，苟善辭命，不忍逆距，不合則去，亦不淹久。蓋仲尼行止之節者也。

（十·五）

孟子曰："仕非爲貧也，而有時乎爲貧。娶妻非爲養也，而有時乎爲養。[一]爲貧者，辭尊居卑，辭富居貧。[二]辭尊居卑，辭富居貧，惡乎宜乎？抱關擊柝。[三]孔子嘗爲委吏矣，曰：'會計當而已矣。'嘗爲乘田矣，曰：'牛羊茁壯長而已矣。'位卑而言高，罪也。立乎人之本朝而道不行，恥也。"[四]

[一] 仕本爲行道濟民也，而有以居貧親老而仕者。娶妻本爲繼嗣也，而有以親執釜竈，不擇妻而娶者。

[二] 爲貧之仕，當讓高顯之位，無求重祿。

[三] 辭尊貧者[一]，安所宜乎？宜居抱關擊柝監門之職也。柝，門關之木也。擊，椎之也。或曰柝，行夜所擊木也。《傳》曰："魯擊柝，聞於邾。"

[四] 孔子嘗以貧而祿仕。委吏，主委積倉庾之吏也。不失會計，當直其多少而已。乘田，苑囿之吏也，主六畜之芻牧者也。牛羊茁壯肥好長大而已。茁[二]，生長貌也，《詩》云："彼茁者葭。"位卑不得高言豫朝事，故但稱職而已。立本朝，大

〔一〕辭尊貧者　此四字《天祿琳琅》本、阮刻本作"辭尊富者"。
〔二〕茁　底本、《天祿琳琅》本後衍一"茁"字，據阮刻本刪。

道當行，不行爲己之恥。是以君子祿仕者，不處大位。《章指》言：國有道則能者處卿相，國無道則聖人居乘田。量時安卑，不受言責，獨善其身之道也。

(十·六)

萬章曰："士之不託諸侯，何也？"[一]

孟子曰："不敢也。諸侯失國而後託於諸侯，禮也。士之託於諸侯，非禮也。"[二]

萬章曰："君餽之粟，則受之乎？"[三]

曰："受之。"[四]

"受之何義也？"[五]

曰："君之於氓也，固周之。"[六]

曰："周之則受，賜之則不受，何也？"[七]

曰："不敢也。"[八]

曰："敢問其不敢何也？"[九]

曰："抱關擊柝者，皆有常職以食於上，無常職而賜於上者，以爲不恭也。"[一〇]

曰："君餽之則受之，不識可常繼乎？"[一一]

曰："繆公之於子思也，亟問，亟餽鼎肉。子思不悅，於卒也，摽使者出諸大門之外，北面稽首再拜而不受，曰：'今而後知君之犬馬畜伋。'蓋自是臺無餽也。[一二]悅賢不能舉，又不能養也，可謂悅賢乎？"[一三]

曰："敢問國君欲養君子，如何斯可謂養矣？"[一四]

曰："以君命將之，再拜稽首而受。其後廩人繼粟，庖人繼肉，不以君命將之。子思以爲鼎肉使己僕僕爾亟拜也，非養君子之道也。[一五]堯之於舜也，使其子九男事之，二

女女焉，百官牛羊倉廩備，以養舜於畎畝之中，後舉而加諸上位，故曰王公之尊賢者也。"［一六］

［一］託，寄也。謂若寄公食祿於所託之國也。

［二］謂士位輕，本非諸侯敵體，故不敢比失國諸侯得爲寄公也。

［三］士窮而無祿，君餼之粟，則可受之乎。

［四］孟子曰受之也。

［五］萬章曰：受粟何義也。

［六］氓，民也。孟子曰：君之於民，固當周其窮乏，況於士乎。

［七］萬章言士窮居周之則受，賜之則不受，何也。周者，謂周急稟貧民之常科也。賜者，謂禮賜橫加也。

［八］孟子曰士不敢受賜。

［九］萬章問何爲不敢。

［一〇］孟子曰：有職事者，可食於上祿。士不仕，自以不任職事而空受賜爲不恭，故不受也。

［一一］萬章曰：君禮餼賢臣，賢臣受之，不知可繼續而常來致之乎？將當輒更以君命將之也。

［一二］孟子曰：魯繆公時尊禮子思，數問，數餼鼎肉，子思以君命煩，故不悅也。於卒者，末後復來時也。摽，麾也。麾使者出大門之外，再拜叩頭不受，曰今而後知君犬馬畜伋。伋，子思名也。責君之不優以不煩，而但數與之食物，若養犬馬。臺，賤官，主使令者。《傳》曰："僕臣臺。"從是之後，臺不持餼來，繆公慍也。慍，恨也。

［一三］孟子譏繆公之雖欲有悅賢之意，而不能舉用使行其道，又不能優養終竟之，豈可謂能悅賢也。

［一四］萬章問國君養賢之法也。

[一五] 將者，行也。孟子曰：始以君命行，禮拜受之。其後倉廩之吏繼其粟，將盡復送，廚宰之人日送其肉，不復以君命者，欲使賢者不答以敬，所以優之也。子思所以非繆公者，以爲鼎肉使己數拜故也。僕僕，煩猥貌。謂其不得養君子之道也。

[一六] 堯之於舜如是，是王公尊賢之道也。九男以下，已說於上篇。上位，尊帝位也。《章指》言：知賢之道，舉之爲上，養之爲次。不舉不養，賢惡肯歸？是以孟子上陳堯舜之大法，下刺繆公之不弘也。

(十·七)

萬章曰："敢問不見諸侯，何義也？"[一]

孟子曰："在國曰市井之臣，在野曰草莽之臣，皆謂庶人。庶人不傳質爲臣，不敢見於諸侯，禮也。"[二]

萬章曰："庶人召之役，則往役，君欲見之，召之則不往見之，何也？"[三]

曰："往役，義也。往見，不義也。且君之欲見之也，何爲也哉？"[四]

曰："爲其多聞也，爲其賢也。"[五]

曰："爲其多聞也，則天子不召師，而況諸侯乎？爲其賢也，則吾未聞欲見賢而召之也。[六]繆公亟見於子思，曰：'古千乘之國以友士，何如？'子思不悅，曰：'古之人有言曰：事之云乎？豈曰友之云乎？'子思之不悅也，豈不曰：'以位，則子君也，我臣也，何敢與君友也？以德，則子事我者也，奚可以與我友？'千乘之君，求與之友而不可得也，而況可召與？[七]齊景公田，招虞人以旌，不至，將殺

之。'志士不忘在溝壑，勇士不忘喪其元'，孔子奚取焉哉？取非其招不往也。"[八]

曰："敢問招虞人何以？"[九]

曰："以皮冠。庶人以旃，士以旂，大夫以旌。[一〇] 以大夫之招招虞人，虞人死不敢往。以士之招招庶人，庶人豈敢往哉？況乎以不賢人之招招賢人乎？[一一] 欲見賢人而不以其道，猶欲其入而閉之門也。夫義，路也；禮，門也。惟君子能由是路，出入是門也。[一二]《詩》云：'周道如砥，其直如矢。君子所履，小人所視。'"[一三]

萬章曰："孔子君命召不俟駕而行，然則孔子非與？"[一四]

曰："孔子當仕，有官職，而以其官召之也。"[一五]

[一] 問諸侯聘請而夫子不見之，於義何取也。

[二] 在國謂都邑也，民會於市，故曰市井之人。在野，野居之人。莽亦草也。庶，衆也。衆庶之人，未得爲臣。傳，執也。見君之質，執雉之屬也。未爲臣，則不敢見之禮也。

[三] 庶人召使給役事，則往供事，君召之見，不肯往見，何也。

[四] 孟子曰：庶人法當給役，故往役，義也；庶人非臣也，不當見君，故往見，不義也。且君何爲欲見之而召之也。

[五] 萬章曰：君以是欲見之也。

[六] 孟子曰：安有召師召賢之禮，而可往見也。

[七] 魯繆公欲友子思，子思不悦，而稱曰：古人曰見賢人當事之，豈云友之邪？孟子云：子思所以不悦者，豈不謂臣不可友君，弟子不可友師也。若子思之意，亦不可友，況乎可召之。

[八] 已説於上篇。

[九] 萬章問招虞人當何用也。

［一〇］孟子曰：招禮若是。皮冠，弁也。旃，通帛也，因章曰旃。旂，旃有鈴者。旌，注旄首者。

［一一］以貴者之招招賤人，賤人尚不敢往，況以不賢人之招招賢人乎？不賢之招，不以禮也。

［一二］欲人之入而閉其門，何得而入乎？閉門由閉禮也。

［一三］《詩》，《小雅・大東》之篇。砥，平。矢，直。視，比也。周道平直，君子履直道，小人比而則之。以喻虞人能效君子守死善道也。

［一四］俟，待也。孔子不待駕而應君命也，孔子爲之非與。

［一五］孟子言孔子所以不待駕者，孔子當仕位，有官職之事，君以其官名召之，豈得不顛倒。《詩》云："顛之倒之，自公召之。"不謂賢者無位而君欲召見也。《章指》言：君子之志，志於行道，不得其禮，亦不苟往。於禮之可，伊尹三聘，而後就湯。道之未洽，沮溺耦耕，接輿佯狂，豈可見也。

(十・八)

孟子謂萬章曰："一鄉之善士，斯友一鄉之善士。一國之善士，斯友一國之善士。天下之善士，斯友天下之善士。[一]以友天下之善士爲未足，又尚論古之人，頌其詩，讀其書，不知其人可乎？是以論其世也，是尚友也。"[二]

［一］鄉，一鄉之善者。國，國中之善者。天下，四海之內也。各以大小來相友，自爲疇匹也。

［二］好善者以天下之善士爲未足極其善道也。尚，上也。乃復上論古之人。頌其詩，詩歌頌之故曰頌。讀其書，猶恐未知

古人高下，故論其世以別之也。在三皇之世爲上，在五帝之世爲次，在三王之世爲下，是爲好上友之人也。《章指》言：好高慕遠，君子之道，雖各有倫，樂其崇茂。是以仲尼曰"無友不如己者"，高山仰止，景行行止。

(十·九)

齊宣王問卿。孟子曰："王何卿之問也？"[一]

王曰："卿不同乎？"

曰："不同。有貴戚之卿，有異姓之卿。"[二]

王曰："請問貴戚之卿。"[三]

曰："君有大過則諫，反覆之而不聽則易位。"[四]

王勃然變乎色。[五]

曰："王勿異也。王問臣，臣不敢不以正對。"[六]

王色定，然後請問異姓之卿。[七]

曰："君有過則諫，反覆之而不聽，則去。"[八]

[一] 王問何卿也。

[二] 孟子曰：卿不同。貴戚之卿謂内外親族也，異姓之卿謂有德命爲三卿也。

[三] 問貴戚之卿如何。

[四] 孟子曰：貴戚之卿，反覆諫君，君不聽，則欲易君之位，更立親戚之貴者。

[五] 王聞此言，慍怒而驚懼，故勃然變色。

[六] 孟子曰：王勿怪也。王問臣，臣不敢不以其正義對。

[七] 王意解，顏色定，復問異姓之卿如之何。

[八] 孟子言異姓之卿諫君不從，三而待放，遂不聽之，則去而之

他國也。《章指》言：國須賢臣，必擇忠良，親近貴戚，或遭殃禍。伊發有莘，爲殷興道，故云成湯立賢無方也。

孟子卷第十一

告子章句上 [一]

(十一·一)

告子曰:"性,猶杞柳也;義,猶桮棬也。以人性爲仁義,猶以杞柳爲桮棬。"[二]

孟子曰:"子能順杞柳之性而以爲桮棬乎?將戕賊杞柳而後以爲桮棬也?[三]如將賊杞柳而以爲桮棬,則亦將戕賊人以爲仁義與?[四]率天下之人而禍仁義者,必子之言夫。"[五]

[一] 告子者,告,姓也;子,男子之通稱也;名不害。兼治儒墨之道者,嘗學於孟子,而不能純徹性命之理。《論語》曰:"子罕言命。"謂性命之難言也。以告子能執弟子之問,故以題篇。

[二] 告子以爲人性爲才幹,義爲成器,猶以杞柳之木爲桮棬也。杞柳,柜柳也。一曰杞,木名也,《詩》云:"北山有杞。"桮棬,桮素也。

[三] 戕猶殘也,《春秋傳》曰:"戕舟發梁。"子能順完杞柳,不傷其性,而成桮棬乎?將以斤斧殘賊之,乃可以爲桮棬乎?言必殘賊也。

[四] 孟子言以人身爲仁義,豈可復殘傷其形體乃成仁義邪?明不可比桮棬也。

[五] 以告子轉性以爲仁義,若轉木以成器,必殘賊之,故言率人以禍仁義者,必子之言。夫,歎辭也。《章指》言:養性長義,順夫自然,殘木爲器,變而後成。告子道偏,見有不純,仁內義外,違人之端。孟子拂之,不假以言也。

（十一·二）

告子曰："性猶湍水也，決諸東方則東流，決諸西方則西流。人性之無分於善不善也，猶水之無分於東西也。"[一]

孟子曰："水信無分於東西，無分於上下乎？人性之善也，猶水之就下也。人無有不善，水無有不下。今夫水搏而躍之，可使過顙；激而行之，可使在山：是豈水之性哉？其勢則然也。人之可使爲不善，其性亦猶是也。"[二]

[一] 湍者，圜也。謂湍湍濚水也。告子以喻人性若是水也，善惡隨物而化，無本善不善之性也。

[二] 孟子曰：水誠無分於東西，故決之而往也，水豈無分於上下乎？水性但欲下耳。人性生而有善，猶水欲下也。所以知人皆有善性，似水無有不下者也。躍，跳。顙，額也。人以手跳水，可使過顙，激之可令上山，皆迫於勢耳，非水之性也。人之可使爲不善，非順其性也，亦妄爲利欲之勢所誘迫耳，猶是水也。言其本性非不善也。《章指》言：人之欲善，猶水好下。迫勢激躍，失其素真，是以守正性爲君子，隨曲拂者爲小人也。

（十一·三）

告子曰："生之謂性。"[一]

孟子曰："生之謂性也，猶白之謂白與？"[二]

曰："然。"[三]

"白羽之白也，猶白雪之白；白雪之白，猶白玉之白與？"[四]

曰："然。"[五]

"然則犬之性猶牛之性，牛之性猶人之性與？"[六]

[一] 凡物生同類者皆同性。
[二] 猶見白物皆謂之同白，無異性也。
[三] 告子曰然。
[四] 孟子以爲羽性輕，雪性消，玉性堅，雖俱白，其性不同。問告子，以三白之性同邪。
[五] 告子曰然，誠以爲同也。
[六] 孟子言犬之性豈與牛同所欲，牛之性豈與人同所欲乎。《章指》言：物雖有性，性各殊異，惟人之性，與善俱生。赤子入井，以發其誠。告子一之，知其麤矣。孟子精之，是在其中。

(十一·四)

告子曰："食色，性也。仁，内也，非外也。義，外也，非内也。"[一]

孟子曰："何以謂仁内義外也？"[二]

曰："彼長而我長之，非有長於我也。猶彼白而我白之，從其白於外也，故謂之外也。"[三]

曰："異於白馬之白也，無以異於白人之白也。不識長馬之長也，無以異於長人之長與？且謂長者義乎？長之者義乎？"[四]

曰："吾弟則愛之，秦人之弟則不愛也，是以我爲悦者也，故謂之内。長楚人之長，亦長吾之長，是以長爲悦者也，故謂之外也。"[五]

曰："耆秦人之炙，無以異於耆吾炙。夫物則亦有然者

也,然則耆炙亦有外與?"[六]

［一］人之甘食悦色者,人之性也。仁由内出,義在外也,不從己身出也。
［二］孟子怪告子是言也。
［三］告子言見彼人年老長大,故我長敬之。長大者,非在於我也,猶白色見於外也。
［四］孟子曰:長異於白,白馬白人,同謂之白可也,不知敬老馬無異於敬老人邪。且謂老者爲有義乎?將謂敬老者爲有義乎?敬老者,己也,何以爲外也。
［五］告子曰:愛從己則己心悦,故謂之内。所悦喜老者在外,故曰外。
［六］孟子曰:耆炙同等,情出於中。敬楚人之老與敬己之老,亦同己情往敬之。雖非己炙,同美,故曰物則有然者也。如耆炙之意,豈在外邪。言楚秦,喻遠也。《章指》言:事雖在外,行其事者,皆發於中。明仁義由内,所以曉告子之惑也。

(十一·五)

孟季子問公都子曰:"何以謂義内也?"[一]
曰:"行吾敬,故謂之内也。"[二]
"鄉人長於伯兄一歲,則誰敬?"[三]
曰:"敬兄。"[四]
"酌則誰先?"[五]
曰:"先酌鄉人。"[六]
"所敬在此,所長在彼,果在外非由内也。"[七]
公都子不能答,以告孟子。[八]

孟子曰："敬叔父乎？敬弟乎？彼將曰：'敬叔父。'曰：'弟爲尸則誰敬？'彼將曰：'敬弟。'子曰：'惡在其敬叔父也？'彼將曰：'在位故也。'子亦曰：'在位故也。'庸敬在兄，斯須之敬在鄉人。"[九]

季子聞之，曰："敬叔父則敬，敬弟則敬，果在外，非由内也。"[一〇]

公都子曰："冬日則飲湯，夏日則飲水，然則飲食亦在外也。"[一一]

[一] 季子亦以爲義外也。

[二] 公都子曰：以敬在心而行之，故言内。

[三] 季子曰：敬誰也。

[四] 公都子曰：當敬兄也。

[五] 季子曰：酌酒則先酌誰。

[六] 公都子曰：當先鄉人。

[七] 季子曰：所敬者兄也，所酌者鄉人也，如此，義果在外不由内也。果猶竟也。

[八] 公都子無以答季子之問。

[九] 孟子使公都子答季子如此，言弟以在尸位，故敬之；鄉人在賓位，故先酌之耳。庸，常也。常敬在兄，斯須之敬在鄉人也。

[一〇] 隨敬所在而敬之，果在外。

[一一] 湯水雖異名，其得寒溫者中心也。雖隨敬之所在，亦中心敬之，猶飲食從人所欲，豈可復謂之外也。《章指》言：凡人隨形，不本其原，賢者達情，知所以然。季子信之，猶若告子，公都受命，然後乃理。

(十一·六)

公都子曰:"告子曰:'性無善無不善也。'[一]或曰:'性可以爲善,可以爲不善。是故文武興則民好善,幽厲興則民好暴。'[二]或曰:'有性善,有性不善。是故以堯爲君而有象,以瞽瞍爲父而有舜,以紂爲兄之子且以爲君而有微子啓、王子比干。'[三]今曰性善,然則彼皆非與?"[四]

孟子曰:"乃若其情,則可以爲善矣,乃所謂善也。若夫爲不善,非才之罪也。[五]惻隱之心,人皆有之。羞惡之心,人皆有之。恭敬之心,人皆有之。是非之心,人皆有之。惻隱之心,仁也。羞惡之心,義也。恭敬之心,禮也。是非之心,智也。仁、義、禮、智,非由外鑠我也,我固有之也,弗思耳矣。故曰求則得之,舍則失之。或相倍蓰,而無算者,不能盡其才者也。[六]《詩》曰:'天生蒸民,有物有則。民之秉夷,好是懿德。'孔子曰:'爲此詩者,其知道乎!'故有物必有則,民之秉夷也,故好是懿德。"[七]

[一] 公都子道告子以爲人性在化,無本善不善也。

[二] 公都子曰:或人以爲可教以善不善,亦由告子之意也。故文武聖化之起,民皆喜爲善;幽厲虐政之起,民皆好暴亂。

[三] 公都子曰:或人者以爲人各有性,善惡不可化移,堯爲君,象爲臣,不能使之爲善;瞽瞍爲父,不能化舜爲惡;紂爲君,又與微子、比干有兄弟之親,亦不能使此二子爲不仁:是亦各有性也。

[四] 公都子曰:告子之徒,其論如此,今孟子曰人性盡善,然則彼之所言皆非邪。

[五] 若，順也。性與情相爲表裏，性善勝情，情則從之。《孝經》曰"此哀戚之情"，情從性也。能順此情，使之善者，真所謂善也。若隨人而強作善者，非善者之善也。若爲不善者，非所受天才之罪，物動之故也。

[六] 仁、義、禮、智，人皆有其端，懷之於內，非從外消鑠我也。求存之，則可得而用之；舍縱之，則亡失之矣。故人之善惡，或相倍蓰，或至於無筭者，不得相與計多少，言其絶遠也。所以惡乃至是者，不能自盡其才性也。故使有惡人，非天獨與此人惡性。其有下愚不移者，譬如被疾不成之人，所謂童昏也。

[七]《詩》，《大雅·蒸民》之篇。言天生衆民，有物則有所法則，人法天也。民之秉夷，夷，常也，常好美德，孔子謂之知道。故曰人皆有善也。《章指》言：天之生人，皆有善性。引而趨之，善惡異衢。高下相懸，賢愚舛殊。尋其本者，乃能一諸。

(十一·七)

孟子曰："富歲，子弟多賴；凶歲，子弟多暴。非天之降才爾殊也，其所以陷溺其心者然也。[一] 今夫麰麥，播種而耰之，其地同，樹之時又同，浡然而生，至於日至之時皆熟矣。雖有不同，則地有肥磽，雨露之養，人事之不齊也。[二] 故凡同類者舉相似也，何獨至於人而疑之，聖人與我同類者。[三] 故龍子曰：'不知足而爲屨，我知其不爲蕢也。'屨之相似，天下之足同也。[四] 口之於味有同耆也，易牙先得我口之所耆者也。如使口之於味也，其性與人殊，若犬馬之與我不同類也，則天下何耆皆從易牙之於味也。至於味，天下期於易牙，是天下之口相似也。[五]惟耳亦然。至於聲，天下期於師曠，是天下之耳相似也。[六]惟目亦然。至於子都，天下莫不知其姣也。不知子都之姣者，無目者也。[七]故曰：口之於味也，有同耆焉；耳之於聲也，有同聽焉；目之於色也，有同美焉。至於心〔一〕，獨無所同然乎？[八]心之所同然者何也？謂理也，義也。聖人先得我心之所同然耳。故理義之悅我心，猶芻豢之悅我口。"[九]

[一] 富歲，豐年也。凶歲，飢饉也。子弟，凡人之子弟也。賴，善。暴，惡也。非天降下才性與之異也，以飢寒之陷陷溺其心，使爲惡者也。

[二] 麰麥，大麥也。《詩》云："貽我來麰。"言人性之同，如此麰麥，其不同者，人事、雨澤有不足，地之有肥磽耳。磽，薄也。

[三] 聖人亦人也，其相覺者，以心知耳。蓋體類與人同，故舉相似也。

[四] 龍子，古賢者也。雖不知足小大，作屨者猶不更作蕢。蕢，草器也。以屨相似，天下之足略同故也。

[五] 人口之所耆者相似，故皆以易牙爲知味，言口之同也。

[六] 耳亦猶口也，天下皆以師曠爲知聲之微妙也。

[七] 目亦猶耳也。子都，古之姣好者也。《詩》云："不見子都，乃見狂且。"儻無目者，乃不知子都好耳。言目之同也。

[八] 言人之心性皆同也。

[九] 心所同耆者，義理也。理者，得道之理。聖人先得理義之要

〔一〕 至於心 "至"，底本無，據《天祿琳琅》本、阮刻本補。

耳。理義之悅心，如芻豢之悅口，誰不同也。草牲曰芻，穀養曰豢。《章指》言：人禀性俱有好憎，耳目口心，所悅者同，或爲君子，或爲小人，猶薜麥不齊，雨露使然也。孟子言是，所以勖而進之。

(十一·八)

孟子曰："牛山之木嘗美矣。以其郊於大國也，斧斤伐之，可以爲美乎？是其日夜之所息，雨露之所潤，非無萌蘖之生焉，牛羊又從而牧之，是以若彼濯濯也。人見其濯濯也，以爲未嘗有材焉，此豈山之性也哉。[一] 雖存乎人者，豈無仁義之心哉？其所以放其良心者，亦猶斧斤之於木也。旦旦而伐之，可以爲美乎？其日夜之所息，平旦之氣，其好惡與人相近也者幾希。[二] 則其旦晝之所爲，有梏亡之矣。梏之反覆，則其夜氣不足以存。夜氣不足以存，則其違禽獸不遠矣。人見其禽獸也，而以爲未嘗有才焉者，是豈人之情也哉？[三] 故苟得其養，無物不長；苟失其養，無物不消。孔子曰：'操則存，舍則亡。出入無時，莫知其鄉。'惟心之謂與？"[四]

[一] 牛山，齊之東南山也。邑外謂之郊。息，長也。濯濯，無草木之貌。牛山未嘗盛美，以在國郊，斧斤牛羊使之不得有草木耳，非山之性無草木也。

[二] 存，在也。言雖在人之性，亦猶此山之有草木也，人豈無仁義之心邪？其日夜之思，欲息長仁義，平旦之志氣，其好惡，凡人皆有與賢人相近之心。幾，豈也。豈希，言不遠也。

[三] 旦晝，晝日也。其所爲萬事有梏亂之，使亡失其日夜之所息

也。梏之反覆,利害于其心,其夜氣不能復存也。人見惡人禽獸之行,以爲未嘗有善才性,此非人之情也。

[四] 誠得其養,若雨露於草木,法度於仁義,何有不長也;誠失其養,若斧斤牛羊之消草木,利欲之消仁義,何有不盡也。孔子曰:持之則在,縱之則亡,莫知其鄉。鄉猶里,以喻居也。獨心爲若是也。《章指》言:秉心持正,使邪不干,猶止斧斤,不伐牛山,山則木茂,人則稱仁也。

(十一 · 九)

孟子曰:"無或乎王之不智也。[一] 雖有天下易生之物也,一日暴之,十日寒之,未有能生者也,吾見亦罕矣。吾退而寒之者至矣,吾如有萌焉,何哉?[二] 今夫弈之爲數,小數也,不專心致志,則不得也。[三] 弈秋,通國之善弈者也。使弈秋誨二人弈,其一人專心致志,惟弈秋之爲聽;一人雖聽之,一心以爲有鴻鵠將至,思援弓繳而射之,雖與之俱學,弗若之矣。爲是其智弗若與?曰:非然也。"[四]

[一] 王,齊王也。或,怪也。時人有怪王不智而孟子不輔之,故言此也。

[二] 種易生之草木五穀,一日暴溫之,十日陰寒以殺之,物何能生?我亦希見於王,既見而退,寒之者至,謂左右佞諂順意者多。譬諸萬物,何由得有萌牙生也。

[三] 弈,博也,或曰圍棋。《論語》曰:"不有博弈者乎?"數,技也。雖小技,不專心則不得也。

[四] 有人名秋,通一國皆謂之善弈,曰弈秋。使教二人弈,其一人惟秋所善而聽之,其一人念欲射鴻鵠,故不如也。爲是謂

其智不如也,曰:非也,以不致志也。故齊王之不智,亦若是。《章指》言:弈爲小數,不精不能,一人善之,十人惡之,雖竭其道,何由智哉。《詩》云"濟濟多士,文王以寧",此之謂也。

(十一·十)

孟子曰:"魚,我所欲也。熊掌,亦我所欲也。二者不可得兼,舍魚而取熊掌者也。生,亦我所欲也。義,亦我所欲也。二者不可得兼,舍生而取義者也。[一]生亦我所欲,所欲有甚於生者,故不爲苟得也。死亦我所惡,所惡有甚於死者,故患有所不辟也。如使人之所欲莫甚於生,則凡可以得生者,何不用也?使人之所惡莫甚於死者,則凡可以辟患者,何不爲也。[二]由是則生而有不用也,由是則可以辟患而有不爲也。是故所欲有甚於生者,所惡有甚於死者,非獨賢者有是心也,人皆有之,賢者能勿喪耳。[三]一簞食,一豆羹,得之則生,弗得則死。嘑爾而與之,行道之人弗受;蹴爾而與之,乞人不屑也。[四]萬鍾則不辯禮義而受之,萬鍾於我何加焉?爲宮室之美,妻妾之奉,所識窮乏者得我與?[五]鄉爲身死而不受,今爲宮室之美爲之;鄉爲身死而不受,今爲妻妾之奉爲之;鄉爲身死而不受,今爲所識窮乏者得我而爲之:是亦不可以已乎!此之謂失其本心。"[六]

[一]熊掌,熊蹯也,以喻義。魚以喻生也。

[二]有甚於生者,謂義也。義者不可苟得。有甚於死者,謂無義也。不苟辟患也。莫甚於生,則苟利而求生矣。莫甚於死,

則可辟患不擇善，何不爲耳。

［三］有不用，不用苟生也。有不爲，不爲苟惡而辟患也。有甚於生，義甚於生也。有甚於死，惡甚於死也。凡人皆有是心，賢者能勿喪亡之也。

［四］人之餓者，得此一器食可以生，不得則死。嘑爾，猶呼爾咄啐之貌也。行道之人，道中凡人以其賤己，故不肯受也。蹴，蹋也。以足踐蹋與之，乞人不絜之，亦由其小，故輕而不受也。

［五］言一簞食則貴禮，至於萬鍾則不復辯別有禮義與不。鍾，量器也。萬鍾於己何加益哉？己身不能獨食萬鍾也，豈不爲廣美宮室，供奉妻妾，施與所知之人窮乏者。

［六］鄉者不得簞食而食則身死，尚不受也，今爲此三者爲之，是不亦可以止乎。所謂失其本心也。《章指》言：舍生取義，義之大者也。簞食萬鍾，用有輕重，縱彼納此，蓋違其本，凡人皆然，君子則否，所以殊也。

（十一·十一）

孟子曰："仁，人心也。義，人路也。舍其路而弗由，放其心而不知求，哀哉！［一］人有雞犬放，則知求之；有放心，而不知求。學問之道無他，求其放心而已矣。"［二］

［一］不行仁義者，不由路，不求心者也，可哀憫哉。

［二］人知求雞狗，莫知求其心者，惑也。學問所以求之。《章指》言：由路求心，爲得其本，追逐雞狗，務其末也。學以求之詳矣。

(十一·十二)

孟子曰:"今有無名之指,屈而不信,非疾痛害事也。如有能信之者,則不遠秦楚之路,爲指之不若人也。[一]指不若人則知惡之,心不若人則不知惡,此之謂不知類也。"[二]

[一]無名之指,手之第四指也,蓋以其餘指皆有名。無名指者,非手之用指也,雖不疾痛妨害於事,猶欲信之,不遠秦楚,爲指不若人故也。

[二]心不若人,可惡之大者也,而反惡指,故曰不知其類也。類,事也。《章指》言:舍大惡小,不知其要,憂指忘心,不鄉於道,是以君子惡之也。

(十一·十三)

孟子曰:"拱把之桐梓,人苟欲生之,皆知所以養之者。至於身,而不知所以養之者,豈愛身不若桐梓哉?弗思甚也。"[一]

[一]拱,合兩手也。把,以一手把之也。桐、梓,皆木名也。人皆知灌溉而養之,至於養身之道,當以仁義,而不知用,豈於身不若桐梓哉?不思之甚者也。《章指》言:莫知養身而養樹木,失事違務,不得所急,所以誡未達者也。

(十一·十四)

孟子曰:"人之於身也,兼所愛。兼所愛,則兼所養也。無尺寸之膚不愛焉,則無尺寸之膚不養也。[一]所以考其善不善者,豈有他哉?於己取之而已矣。[二]體有貴賤,有大小，無以小害大，無以賤害貴。養其小者爲小人，養其大者爲大人。^[三]今有場師，舍其梧檟，養其樲棘，則爲賤場師焉。^[四]養其一指，而失其肩背而不知也，則爲狼疾人也。^[五]飲食之人，則人賤之矣，爲其養小以失大也。飲食之人，無有失也，則口腹豈適爲尺寸之膚哉？"^[六]

[一]人之所愛則養之，於身也，一尺一寸之膚養相及也。

[二]考知其善否，皆在己之所養也。

[三]養小則害大，養賤則害貴。小，口腹也。大，心志也。頭頸，貴者也。指拇，賤者也。不可舍貴養賤也。務口腹者爲小人，治心志者爲大人。

[四]場師，治場圃者。場以治穀。圃，園也。梧，桐；檟，梓：皆木名。樲棘，小棘，所謂酸棗也。言此以喻人舍大養小，故曰賤場師也。

[五]謂醫養人疾，治其一指，而不知其肩背之有疾，以至於害之，此爲狼藉亂不知治疾之人也。

[六]飲食之人，人所以賤之者，爲其養口腹而失道德耳。如使不失道德，存仁義以往，不嫌於養口腹也。故曰口腹豈但爲肥長尺寸之膚邪？亦爲懷道者也。《章指》言：養其行，治其正，俱用智力，善惡相屬，是以君子居處思義，飲食思禮也。

(十一·十五)

公都子問曰："鈞是人也，或爲大人，或爲小人，何也？"^[一]

孟子曰："從其大體爲大人，從其小體爲小人。"^[二]

曰："鈞是人也，或從其大體，或從其小體，何也？"^[三]

曰：“耳目之官不思，而蔽於物，物交物，則引之而已矣。心之官則思，思則得之，不思則不得也。此天之所與我者，先立乎其大者，則其小者不能奪也，此爲大人而已矣。”[四]

[一] 鈞，同也。言有大有小，何也。
[二] 大體，心思禮義。小體，縱恣情慾。
[三] 公都子言人何獨有從小體也。
[四] 孟子曰：人有耳目之官，不思，故爲物所蔽。官，精神所在也。謂人有五官六府。物，事也。利欲之事來交引其精神，心官不思善，故失其道而陷爲小人也。此乃天所與人情性，先立乎其大者，謂生而有善性也。小者，情欲也。善勝惡，則惡不能奪。《章指》言：天與人性，先立其大，心官思之，邪不乖越，故謂之大人也。

（十一·十六）

孟子曰：“有天爵者，有人爵者。仁義忠信，樂善不倦，此天爵也。公卿大夫，此人爵也。[一]古之人脩其天爵，而人爵從之。今之人脩其天爵以要人爵，既得人爵而棄其天爵，則惑之甚者也，[二]終亦必亡而已矣。”[三]

[一] 天爵以德，人爵以祿。
[二] 人爵從之，人爵自至也。以要人爵，要，求也。得人爵，棄天爵，惑之甚也。
[三] 棄善忘德，終必亡之。《章指》言：古脩天爵，自樂之也；今要人爵，以誘時也。得人棄天，道之忌也。惑以招亡，小

人事也。

(十一·十七)

孟子曰："欲貴者，人之同心也。人人有貴於己者，弗思耳。人之所貴者，非良貴也。趙孟之所貴，趙孟能賤之。〔一〕《詩》云：'既醉以酒，既飽以德。'言飽乎仁義也，所以不願人之膏粱之味也。令聞廣譽施於身，所以不願人之文繡也。"〔二〕

〔一〕人皆同欲貴之心，人人自有貴者在己身，不思之耳。在己者，謂仁義廣譽也。凡人之所貴富，故曰非良貴者。趙孟，晉卿之貴者也，能貴人，又能賤人。人所自有者，他人不能賤之也。

〔二〕《詩》，《大雅·既醉》之篇。言飽德者，飽仁義之於身，身之貴者也，不願人膏粱矣。膏粱，細粱如膏者也。文繡，繡衣服也。《章指》言：所貴在身，人不知求，膏粱文繡，己之所優，趙孟所貴，何能比之，是以君子貧而樂也。

(十一·十八)

孟子曰："仁之勝不仁也，猶水勝火。今之爲仁者，猶以一杯水救一車薪之火也，不熄，則謂之水不勝火。此又與於不仁之甚者也，亦終必亡而已矣。"〔一〕

〔一〕水勝火，取水足以制火，一杯水何能勝一車薪之火也，以此謂水不勝火。爲仁者亦若是，則與作不仁之甚者也。亡猶無也。亦終必無仁矣。《章指》言：爲仁不至，不反諸己，謂水勝火，熄而後已。不仁之甚，終必亡矣。爲道不卒，無益於賢也。

(十一·十九)

孟子曰："五穀者，種之美者也。苟爲不熟，不如荑稗。夫仁亦在乎熟之而已矣。"[一]

[一] 熟，成也。五穀雖美，種之不成，則不如荑稗之草其實可食。爲仁不成，猶是也。《章指》言：功毀幾成，人在慎終，五穀不熟，荑稗是勝，是以爲仁必其成也。

(十一·二十)

孟子曰："羿之教人射，必志於彀。學者亦必志於彀。[一]大匠誨人，必以規矩。學者亦必以規矩。"[二]

[一] 羿，古之工射者。彀，張也，弩向包的者，用思要時也。學者志道，猶射者之張也。
[二] 大匠，攻木之工。規，所以爲圜也。矩，所以爲方也。誨，教也。教人必須規矩，學者以仁義爲法式，亦猶大匠以規矩者也。《章指》言：事各有本，道有所隆，彀張規矩，以喻爲仁；學不爲仁，猶是二教，失其法而行之也。

孟子卷第十二

告子章句下

(十二・一)

　　任人有問屋廬子曰:"禮與食,孰重?"[一]

　　曰:"禮重。"[二]

　　"色與禮,孰重?"

　　曰:"禮重。"[三]

　　曰:"以禮食則飢而死,不以禮食則得食,必以禮乎?親迎則不得妻,不親迎則得妻,必親迎乎?"[四]

　　屋廬子不能對。明日之鄒,以告孟子。

　　孟子曰:"於!答是也何有?[五]不揣其本而齊其末,方寸之木,可使高於岑樓;金重於羽者,豈謂一鉤金與一輿羽之謂哉!取食之重者,與禮之輕者而比之,奚翅食重?取色之重者與禮之輕者而比之,奚翅色重?[六]往應之曰:'紾兄之臂而奪之食,則得食,不紾則不得食,則將紾之乎?踰東家牆而摟其處子,則得妻,不摟則不得妻,則將摟之乎?'"[七]

[一] 任國之人問孟子弟子屋廬連,問二者何者爲重。

[二] 答曰禮重。

[三] 重如上也。

[四] 任人難屋廬子,云若是則必待禮乎。

[五] 於音烏,歎辭也。何有爲不可答也。

[六] 孟子言夫物當揣量其本,以齊等其末。知其大小輕重,乃可言也。不節其數,累積方寸之木,可使高於岑樓。岑樓,山

之銳嶺者。寧可謂寸木高於山耶？金重於羽耶〔一〕？如取食色之重者，比禮之輕者，何翅食色重哉！翅，辭也。若言何其不重也。

[七] 教屋廬子往應任人如是。紾，戾也。摟，牽也。處子，處女也。則是禮重，食色輕者也。《章指》言：臨事量宜，權其輕重，以禮爲先，食色爲後，若有偏殊，從其大者。屋廬子未達，故譬摟紾也。

（十二·二）

曹交問曰："人皆可以爲堯舜，有諸？"

孟子曰："然。"〔一〕

"交聞文王十尺，湯九尺。今交九尺四寸以長，食粟而已，如何則可？"〔二〕

曰："奚有於是？亦爲之而已矣。有人於此，力不能勝一匹雛，則爲無力人矣。今曰舉百鈞，則爲有力人矣。然則舉烏獲之任，是亦爲烏獲而已矣。夫人豈以不勝爲患哉？弗爲耳。〔三〕徐行後長者謂之弟，疾行先長者謂之不弟。夫徐行者，豈人所不能哉！所不爲也。〔四〕堯舜之道，孝弟而已矣。子服堯之服，誦堯之言，行堯之行，是堯而已矣。子服桀之服，誦桀之言，行桀之行，是桀而已矣。"〔五〕

曰："交得見於鄒君，可以假館，願留而受業於門。"〔六〕

曰："夫道，若大路然，豈難知哉？人病不求耳。子歸而求之，有餘師。"〔七〕

〔一〕 金重於羽耶　此五字阮刻本、《天祿琳琅》本作"金重於羽謂多少同而金重耳一帶鉤之金豈一車羽邪"。

[一] 曹交，曹君之弟。交，名也。答曰然者，言人皆有仁義之心，堯舜行仁義而已。

[二] 交聞文王與湯皆長而聖。今交亦長，獨但食粟而已，當如何。

[三] 孟子曰：何有於是言乎？仁義之道，亦當爲之乃爲賢耳。人言我力不能勝一小雛，則謂之無力之人。言我能舉百鈞，百鈞，三千斤也，則謂之有力之人矣。烏獲，古之有力人也，能移舉千鈞。人能舉其所任，是爲烏獲才也。夫一匹雛不舉，豈患不能勝哉？但不爲之耳。

[四] 長者，老者也。弟，順也。人誰不能徐行者，患不肯爲也。

[五] 孝弟而已，人所能也。堯服，衣服不踰禮也。堯言，行義之言〔一〕。堯行，孝弟之行。桀服，譎詭非常之服。桀言，不行仁義之言。桀行，淫虐之行也。爲堯似堯，爲桀似桀。

[六] 交欲學於孟子，願因鄒君假館舍，備門徒也。

[七] 孟子言堯舜之道，較然若大路，豈有難知，人苦不肯求耳。子歸曹而求行其道。有餘師，師不少也。不必留此學也。《章指》言：天下大道，人並由之，病於不爲，不患不能，是以曹交請學，孟子辭焉。蓋《詩》三百，一言以蔽之。

(十二·三)

公孫丑問曰："高子曰：'《小弁》，小人之詩也。'"

孟子曰："何以言之？"

曰："怨。"〔一〕

曰："固哉！高叟之爲詩也。有人於此，越人關弓而射

〔一〕 行義之言　此四字《天祿琳琅》本、阮刻本作"仁義之言"。

之，則己談笑而道之，無佗，疏之也。其兄關弓而射之，則己垂涕泣而道之，無佗，戚之也。《小弁》之怨，親親也。親親，仁也。固矣夫，高叟之爲詩也。"[二]

曰："《凱風》何以不怨？"[三]

曰："《凱風》，親之過小者也。《小弁》，親之過大者也。親之過大而不怨，是愈疏也。親之過小而怨，是不可磯也。愈疏，不孝也。不可磯，亦不孝也。孔子曰：'舜其至孝矣，五十而慕。'"[四]

[一] 高子，齊人也。《小弁》，《小雅》之篇，伯奇之詩也。怨者，怨親之過，故謂之小人。

[二] 固，陋也。高子年長，孟子曰：陋哉！高父之爲詩也。疏越人，故談笑。戚，親也。親其兄，故號泣而道之，怪怨之意也。伯奇仁人而父虐之，故作《小弁》之詩曰"何辜於天"，親親而悲怨之辭也。重言固陋，傷高叟不達詩人之意甚也。

[三] 《詩》，《邶風·凱風》之篇也。公孫丑曰：《凱風》亦孝子之詩，何以獨不怨。

[四] 孟子曰：《凱風》言"莫慰母心"，母心不悦也，知親之過小也。《小弁》曰"行有死人，尚或墐之"，而曾不閔己，知親之過大也。愈，益也。過已大矣，而孝子不怨思其親之意何爲如是，是益疏之道也，故曰不孝。磯，激也。過小耳，而孝子感激，輒怨其親，是亦不孝也。孔子以舜年五十而思慕其親不殆，稱曰孝之至矣，孝之不可以已也。知高叟譏《小弁》爲不得矣。《章指》言：生之膝下，一體而分，喘息呼吸，氣通於親。當親而疏，怨慕號天，是以《小弁》之怨，未足爲愆也。

(十二·四)

宋牼將之楚，孟子遇於石丘，曰："先生將何之？"[一]

曰："吾聞秦楚搆兵，我將見楚王説而罷之。楚王不悦，我將見秦王説而罷之。二王我將有所遇焉。"[二]

曰："軻也請無問其詳，願聞其指，説之將何如？"[三]

曰："我將言其不利也。"[四]

曰："先生之志則大矣，先生之號則不可。先生以利説秦楚之王，秦楚之王悦於利，以罷三軍之師，是三軍之士樂罷而悦於利也。爲人臣者，懷利以事其君；爲人子者，懷利以事其父；爲人弟者，懷利以事其兄：是君臣、父子、兄弟終去仁義，懷利以相接，然而不亡者，未之有也。[五]先生以仁義説秦楚之王，秦楚之王悦於仁義而罷三軍之師，是三軍之士樂罷而悦於仁義也。爲人臣者，懷仁義以事其君；爲人子者，懷仁義以事其父；爲人弟者，懷仁義以事其兄：是君臣、父子、兄弟去利懷仁義以相接也，然而不王者，未之有也。何必曰利？"[六]

[一] 宋牼，宋人名牼。學士年長者，故謂之先生。石丘，地名也。道遇，問欲何之。

[二] 牼自謂往説二王，必有所遇，得從其志。

[三] 孟子敬宋牼，自稱其名曰軻。不敢詳問，願聞其指，欲如何説之。

[四] 牼曰我將爲二王言興兵之不利也。

[五] 孟子曰：先生志誠大矣，所稱名號不可用也。二王悦利罷三軍，三軍士樂之而悦利，則舉國尚利以相接待，而忘仁義，則其國亡矣。

[六]以仁義之道，不忍興兵，三軍之士悅，國人化之，咸以仁義相接，可以致王，何必以利爲名也。《章指》言：上之所欲，下以爲俗。俗化於善，久而致平；俗化於惡，久而致傾。是以君子創業，慎其所以爲名也。

(十二·五)

孟子居鄒。季任爲任處守，以幣交，受之而不報。處於平陸，儲子爲相，以幣交，受之而不報。[一]他日，由鄒之任，見季子；由平陸之齊，不見儲子。屋廬子喜曰："連得間矣！"

問曰："夫子之任見季子，之齊不見儲子〔一〕，爲其爲相與？"[二]

曰："非也。《書》曰：'享多儀，儀不及物曰不享，惟不役志於享。'爲其不成享也。"[三]

屋廬子悅。或問之，屋廬子曰："季子不得之鄒，儲子得之平陸。"[四]

[一]任，薛之同姓小國也。季任，任君季弟也。任君朝會於鄰國，季任爲之居守其國也，致幣帛之禮以交孟子，受之而未報也。平陸，齊下邑也。儲子，齊相也，亦致禮以交孟子，而未答也。

[二]連，屋廬子名也。見孟子答此二人有異，故喜曰：連今日乃得一見夫子與之間隙也。俱答二人，獨見季子，不見儲子者，以季子當君國子民之處，儲子爲相，故輕之邪。

〔一〕之齊不見儲子 "不見"，底本誤作小字注，今徑改。

［三］孟子曰：非也。非以儲子爲相，故不見。《尚書·洛誥篇》曰"享多儀"，言享見之禮多儀法也。物，事也。儀不及事，謂有闕也，故曰不成享禮。儲子本禮不足，故我不見也。

［四］屋廬子已曉其意，聞義而服，故悅也。人問之曰何爲若是，屋廬子曰：季子守國，不得越境至鄒，不身造孟子可也；儲子爲相，得循行國中，但遺交禮，爲其不尊賢，故答而不見。《章指》言：君子交接，動不違禮，享見之儀，亢答不差，是以孟子或見或不，答以其宜也。

（十二·六）

淳于髡曰："先名實者，爲人也。後名實者，自爲也。夫子在三卿之中，名實未加於上下而去之，仁者固如此乎？"［一］

孟子曰："居下位，不以賢事不肖者，伯夷也。五就湯，五就桀者，伊尹也。不惡汙君，不辭小官者，柳下惠也。三子者，不同道，其趨一也。［二］一者何也？［三］曰：仁也。君子亦仁而已矣，何必同？"［四］

曰："魯繆公之時，公儀子爲政，子柳、子思爲臣，魯之削也滋甚。若是乎賢者之無益於國也。"［五］

曰："虞不用百里奚而亡，秦繆公用之而霸。不用賢則亡，削何可得與？"［六］

曰："昔者王豹處於淇而河西善謳，緜駒處於高唐而齊右善歌，華周、杞梁之妻善哭其夫而變國俗，有諸内必形諸外，爲其事而無其功者，髡未嘗覩之也。是故無賢者也，有則髡必識之。"［七］

曰："孔子爲魯司寇，不用，從而祭，燔肉不至，不稅

冕而行。不知者以爲爲肉也，其知者以爲爲無禮也，乃孔子則欲以微罪行，不欲爲苟去。君子之所爲，衆人固不識也。"〔八〕

［一］淳于，姓。髡，名也。齊之辯士。名者，有道德之名。實者，治國惠民之功實也。齊，大國，有三卿，謂孟子嘗處此三卿之中矣。未聞名實，下濟於民，上匡其君，而速去之，仁者之道，固當然邪。

［二］伊尹爲湯見貢於桀，桀不用而歸湯，湯復貢之，如此者五。思濟民，冀得施行其道也。此三人雖異道，所履則一也。

［三］髡問一者何也。

［四］孟子言君子進退行止，未必同也，趨於履仁而已。髡譏其速去，故引三子以喻意也。

［五］髡曰：魯繆公時，公儀休爲執政之卿。子柳，泄柳也。子思，孔伋也〔一〕。二人皆師傅之臣〔二〕。不能救魯之見削奪，亡其土地者多。若是，賢者無所益於國家者，何用賢爲。

［六］孟子云：百里奚所去國亡，所在國霸，無賢國亡，何但得削？豈可不用賢也。

［七］王豹，衛之善謳者。淇，水名。《衛詩・竹竿》之篇曰："泉源在左，淇水在右。"《碩人》之篇曰："河水洋洋，北流活活。"衛地濱於淇水，在北流河之西，故曰處淇水而河西善謳，所謂鄭衛之聲也。緜駒，善歌者也。高唐，齊西邑。綿駒處之，故曰齊右善歌。華周，華旋也。杞梁，杞殖也。二

〔一〕孔伋也　此三字《天禄琳琅》本同，阮刻本作"孔子之孫伋也"。
〔二〕二人皆師傅之臣　"皆"，《天禄琳琅》本、阮刻本作"爲"。

人，齊大夫，死於戎事者，其妻哭之哀，城爲之崩，國俗化之，則效其哭。髡曰：如是歌哭者尚能變俗，有中則見外，爲之而無功者，髡不聞也。有功，乃爲賢者；不見其功，故謂之無賢者也。如有之，則髡必識知之。

[八] 孟子言孔子爲魯賢臣。不用，不能用其道也。從魯君而祭於宗廟，當賜大夫以胙，燔肉不至。膊炙者爲燔，《詩》云"燔炙芬芬"。反歸其舍，未及稅解祭之冕而行，出適佗國。不知者以爲不得燔肉而慍也。知者以爲爲君無禮，乃欲以微罪行。燔肉不至我黨，從祭之禮不備，有微罪乎，乃聖人之妙旨，不欲爲，誠欲急去也。衆人固不能知君子之所爲，謂髡不能知賢者之志也。《章指》言：見機而作，不俟終日，孔子將行，冕不及稅。庸人不識，課以功實。淳于雖辯，終亦屈服，正者勝也。

(十二・七)

孟子曰："五霸者，三王之罪人也。[一] 今之諸侯，五霸之罪人也。今之大夫，今之諸侯之罪人也。[二] 天子適諸侯曰巡狩，諸侯朝於天子曰述職。春省耕而補不足，秋省斂而助不給。入其疆，土地辟，田野治，養老尊賢，俊傑在位，則有慶，慶以地。入其疆，土地荒蕪，遺老失賢，掊克在位，則有讓。一不朝則貶其爵，再不朝則削其地，三不朝則六師移之。是故天子討而不伐，諸侯伐而不討。五霸者，摟諸侯以伐諸侯者也。故曰五霸者，三王之罪人也。[三] 五霸桓公爲盛。葵丘之會諸侯，束牲載書而不歃血。初命曰：'誅不孝，無易樹子，無以妾爲妻。'再命曰：'尊賢育才，以彰有德。'三命曰：'敬老慈幼，無忘賓旅。'四命曰：'士無世官，官事無攝；取士必得，無專殺大夫。'五命曰：'無曲防，無遏糴，無有封而不告。'曰：'凡我同盟之人，既盟之後，言歸于好。'今之諸侯皆犯此五禁，故曰今之諸侯，五霸之罪人也。[四] 長君之惡其罪小，逢君之惡其罪大。今之大夫皆逢君之惡，故曰今之大夫，今之諸侯之罪人也。"[五]

[一] 五霸者，大國秉直道以率諸侯，齊桓、晉文、秦繆、宋襄、楚莊是也。三王：夏禹、商湯、周文王是也。

[二] 謂當孟子之時諸侯及大夫也。諸侯臣總謂之大夫。罪人之事，下別言之。

[三] 巡狩、述職，皆以助人民。慶，賞也。養老尊賢，能者在位，賞之以地，益其地也。掊克不良之人在位，則責讓之。不朝至三，討之以六師。移之，就之也。討者，上討下也。伐者，敵國相征伐也。五霸強摟牽諸侯以伐諸侯，不以王命也。於三王之法，乃罪人也。

[四] 齊桓公，五霸之盛者也。與諸侯會于葵丘，束縛其牲，但加載書，不復歃血，言畏桓公，不敢負也。不得專誅不孝。樹，立也。已立世子，不得擅易也。不得立愛妾為嫡也。尊賢養才，所以彰明有德之人。敬老愛少，恤矜孤寡，賓客羈旅勿忘忽也。仕為大臣，不得世官，賢臣乃得世祿也。官事無攝，無曠庶僚也。取士必得賢，立之無方也。無專殺大夫，不得以私怒行誅戮也。無敢違王法而以己曲意設防禁也，無遏止穀糴不通鄰國也，無以私恩擅有所封賞而不告盟主也。言歸于好，無構怨也。桓公施此五命，而今諸侯皆犯之，故曰罪人也。

［五］君有惡命，臣長大而宣之，其罪在不能距逆君命，故曰小也。逢，迎也。君之惡心未發，臣以諂媚逢迎，而導君爲非，故曰罪大。今諸侯之大夫皆逢君之惡，故曰罪人也。《章指》言：王道寖衰，轉爲罪人，孟子傷之，是以博思古法，匡時君也。

(十二·八)

魯欲使慎子爲將軍。

孟子曰："不教民而用之，謂之殃民。殃民者，不容於堯舜之世。一戰勝齊，遂有南陽，然且不可。"［一］

慎子勃然不悦，曰："此則滑釐所不識也。"［二］

曰："吾明告子：天子之地方千里，不千里，不足以待諸侯。諸侯之地方百里，不百里，不足以守宗廟之典籍。周公之封於魯爲方百里也，地非不足，而儉於百里。太公之封於齊也，亦爲方百里也，地非不足也，而儉於百里。今魯方百里者五，子以爲有王者作，則魯在所損乎，在所益乎？徒取諸彼以與此，然且仁者不爲，況於殺人以求之乎！［三］君子之事君也，務引其君以當道，志於仁而已。"［四］

［一］慎子，善用兵者。不教民以仁義而用之戰鬭，是使民有殃禍也。堯舜之世，皆行仁義，故好戰殃民者，不能自容也。就使慎子能爲魯一戰取齊南陽之地，且猶不可。山南曰陽，岱山之南，謂之南陽也。

［二］滑釐，慎子名。不悦，故曰我所不知此言何謂也。

［三］孟子見慎子不悦，故曰：明告子，天子諸侯地制如是。諸侯當來朝聘，故言守宗廟典籍，謂先祖常籍法度之文也。周

公、太公，地尚不能滿百里，儉而不足也。後世兼侵小國，今魯乃五百里矣。有王者作，若文王、武王者，子以爲魯在所損之中邪、在所益之中也？言其必見損也。但取彼與此爲無傷害，仁者尚不肯爲，況戰鬪殺人以求廣土地乎。

［四］言君子事君之法，牽引其君以當正道者，仁也。志仁而已，欲使愼子輔君以仁。《章指》言：招攜懷遠，貴以德禮，既其用兵，廟勝爲上，戰勝爲下，明賤戰也。

(十二·九)

孟子曰："今之事君者曰：'我能爲君辟土地，充府庫。'今之所謂良臣，古之所謂民賊也。[一]君不鄉道，不志於仁而求富之，是富桀也。[二]'我能爲君約與國，戰必克。'今之所謂良臣，古之所謂民賊也。[三]君不鄉道，不志於仁而求爲之強戰，是輔桀也。[四]由今之道，無變今之俗，雖與之天下，不能一朝居也。"[五]

［一］辟土地，侵鄰國也。充府庫，重賦斂也。今之所謂良臣者，於古之法爲民賊。傷民，故謂之賊也。

［二］爲惡君聚斂以富之，爲富桀也。謂若夏桀也。

［三］連諸侯以戰，求必勝也。

［四］説與上同。

［五］今之道非善道，今之世俗漸惡久矣，若不變更，雖得天下之政而治之，不能自安一朝之間居其位也。《章指》言：善爲國者，必藏於民，賊民以往，其餘何觀。變俗移風，非樂不化，以亂濟民，不知其善也。

(十二・十)

　　白圭曰:"吾欲二十而取一,何如?"[一]

　　孟子曰:"子之道,貉道也。萬室之邑,一人陶,則可乎?"[二]

　　曰:"不可,器不足用也。"[三]

　　曰:"夫貉,五穀不生,惟黍生之。無城郭宮室、宗廟祭祀之禮,無諸侯幣帛饔飧,無百官有司,故二十而取一而足也。[四]今居中國,去人倫,無君子,如之何其可也?陶以寡且不可以爲國,況無君子乎!欲輕之於堯舜之道者,大貉小貉也。欲重之於堯舜之道者,大桀小桀也。"[五]

[一] 白圭,周人也。節以貨殖,欲省賦利民,使二十而稅一。

[二] 貉,夷貉之人,在荒服者也。貉之稅,二十而取一。萬家之國,使一人陶瓦器,則可乎?以此喻白圭所言也。

[三] 白圭曰:一人陶,則瓦器不足以供萬室之用也。

[四] 貉在北方,其氣寒,不生五穀。黍早熟,故獨生之也。無中國之禮,如此之用,故可二十取一而足也。

[五] 今之居中國,當行禮義,而欲效夷貉無人倫之敘、無君子之道,豈可哉?陶器者少,尚不可以爲國,況無君子之道乎?堯舜以來,什一而稅,足以行禮,故以此爲道。今欲輕之,二十稅一者,夷貉爲大貉,子爲小貉也。欲重之,過什一,則夏桀爲大桀,子爲小桀也。《章指》言:先王典禮,萬世可遵,什一供貢,下富上尊。裔土簡惰,二十而稅,夷狄有君,不足爲貴。圭欲法之,孟子斥之以王制也。

(十二·十一)

白圭曰:"丹之治水也,愈於禹。"[一]

孟子曰:"子過矣。禹之治水,水之道也,是故禹以四海爲壑。今吾子以鄰國爲壑。水逆行,謂之洚水。洚水者,洪水也。仁人之所惡也,吾子過矣。"[二]

[一] 丹,名;圭,字也。當諸侯時有小水,白圭爲治除之,因自謂過禹也。

[二] 子之所言過矣,禹除中國之害,以四海爲溝壑以受其害水,故後世賴之。今子除水,近注之鄰國,觸於洚水之名,仁人惡爲之,自以爲愈於禹,子亦過甚矣。《章指》言:君子除害,普爲人也。白圭壑鄰,亦以狹矣。是故賢者志其大者遠者也。

(十二·十二)

孟子曰:"君子不亮,惡乎執?"[一]

[一] 亮,信也。《易》曰:"君子履信思順。"若爲君子之道,舍信將安執之。《章指》言:《論語》曰:"自古皆有死,民無信不立。"重信之至也。

(十二·十三)

魯欲使樂正子爲政。[一]

孟子曰:"吾聞之,喜而不寐。"[二]

公孫丑曰:"樂正子強乎?"

曰:"否。"

"有智慮乎？"

曰："否。"

"多聞識乎？"

曰："否。"[三]

"然則奚爲喜而不寐？"[四]

曰："其爲人也好善。"[五]

"好善足乎？"[六]

曰："好善優於天下，而況魯國乎？夫苟好善，則四海之内，皆將輕千里而來告之以善。夫苟不好善，則人將曰：'訑訑，予既已知之矣。'訑訑之聲音顏色，距人於千里之外。[七]士止於千里之外，則讒諂面諛之人至矣。與讒諂面諛之人居，國欲治，可得乎？"[八]

[一] 樂正子，克也。魯君欲使之執政於國。

[二] 喜其人道德得行，爲之喜而不寐。

[三] 丑問樂正子有此三問之所能乎？孟子皆曰：否，不能有此也。

[四] 丑問無此三者，何爲喜而不寐。

[五] 孟子言樂正子之爲人也能好善，故爲之喜。

[六] 丑問人但好善，足以治國乎。

[七] 孟子曰：好善，樂聞善言，是采用之也。以此治天下，可以優之，虞舜是也，何況於魯不能治乎！人誠好善，四海之士皆輕行千里以善來告之；誠不好善，則其人將曰訑訑，賤佗人之言。訑訑者，自足其智，不嗜善言之貌。訑訑之人，發聲音，見顏色，人皆知其不欲受善言也。道術之士聞之，止於千里之外而不來也。

[八] 懷善言之士止於千里之外，不肯就之，則邪惡順意之人至

矣。與邪惡居，欲使國治，豈可得乎。《章指》言：好善從人，聖人一概，禹聞讜言，答之而拜。訑訑吐之，善人亦逝，善去惡來，道若合符。《詩》曰："雨雪瀌瀌，見晛聿消。"此之謂也。

(十二·十四)

陳子曰："古之君子何如則仕？"[一]

孟子曰："所就三，所去三。迎之致敬以有禮，言將行其言也，則就之；禮貌未衰，言弗行也，則去之。其次，雖未行其言也，迎之致敬以有禮，則就之；禮貌衰，則去之。其下，朝不食，夕不食，飢餓不能出門戶，君聞之，曰：'吾大者不能行其道，又不能從其言也。使飢餓於我土地，吾恥之。'周之，亦可受也，免死而已矣。"[二]

[一] 陳臻問古之君子得何禮可以仕也。

[二] 所去就，謂下事也。禮者，接之以禮也；貌者，顏色和順，有樂賢之容。禮衰，不敬也；貌衰，不悅也。其下者，困而不能與之祿，則當去。矜其困而周之，苟免死而已。此三就三去之道。窮餓而去不疑也，故不言去。免死而留，爲死故也。權時之宜，嫌其疑也，故載之也。《章指》言：士雖正道，亦有量宜。聽言爲上，禮貌次之，困而免死，斯爲下矣。備此三科，亦無疑也。

(十二·十五)

孟子曰："舜發於畎畝之中，傅說舉於版築之間，膠鬲舉於魚鹽之中，管夷吾舉於士，孫叔敖舉於海，百里奚舉於市。故天將降大任於是人也，必先苦其心志，勞其筋骨，餓其體膚，空乏其身，行拂亂其所爲，所以動心忍性，曾益其所不能。〔一〕人恆過，然後能改。困於心，衡於慮，而後作。徵於色，發於聲，而後喻。〔二〕入則無法家拂士，出則無敵國外患者，國恆亡。然後知生於憂患，而死於安樂也。"〔三〕

[一] 舜耕歷山，三十徵庸。傅説築傅巖，武丁舉以爲相。膠鬲，殷之賢臣，遭紂之亂，隱遁爲商，文王於鬻販魚鹽之中得其人，舉之以爲臣也。士，獄官也。管夷吾自魯囚執於士官，桓公舉以爲相國。孫叔敖隱處耕於海濱，楚莊王舉之以爲令尹。百里奚亡虞適秦，隱於都市，穆公舉之於市而以爲相也〔一〕。言天將降下大事以任聖賢，必先勤勞其身，餓其體而瘠其膚，使其身乏資絶糧，所行不從拂戾而亂之者，所以動驚其心，堅忍其性，使不違仁，困而知勤，曾益其素所以不能行。

[二] 人常以有繆思過行，不得福，然後乃更其所爲，以不能爲能也。困瘁於心。衡，橫也。橫塞其慮於胸臆之中，而後作爲奇計異策、憤激之説也。徵驗見於顏色，若屈原憔悴，漁父見而怪之，發於聲而後喻，若甯戚商歌，桓公異之。

[三] 入，謂國內也。無法度大臣之家、輔拂之士。出，謂國外也。無敵國可難、無外患可憂，則凡庸之君驕慢荒忽，國常以此亡也。故知能生於憂患，死於安樂也。死，亡也。安樂怠惰，使人亡其知能也。《章指》言：聖賢困窮，天堅其志；次賢感激，乃奮其慮；凡人佚樂，以喪知能，賢愚之敘也。

〔一〕穆公舉之於市　此六字底本無，據《天禄琳琅》本、阮刻本補。

(十二・十六)

孟子曰:"教亦多術矣!予不屑之教誨也者,是亦教誨之而已矣。"[一]

[一] 教人之道多術。予,我也。屑,絜也。我不絜其人之行,故不教誨之。其人感此,退自脩學而爲仁義,是亦我教誨之一道也。《章指》言:學而見賤,恥之大者,激而厲之,能者以改。教誨之方,或折或引,同歸殊塗,成之而已。

孟子卷第十三

盡心章句上[一]

(十三·一)

孟子曰："盡其心者，知其性也。知其性，則知天矣。[二] 存其心，養其性，所以事天也。[三] 殀壽不貳，脩身以俟之，所以立命也。"[四]

[一] 盡心者，人之有心，爲精氣主，思慮可否，然後行之，猶人法天。天之執持維綱，以正二十八舍者，北辰也。《論語》曰："北辰居其所，而衆星拱之。"心者，人之北辰也。曰存其心養其性[一]，所以事天也，故以"盡心"題篇。

[二] 性有仁義禮智之端，心以制之，惟心爲正。人能盡極其心，以思行善，則可謂知其性矣。知其性，則知天道之貴善者也。

[三] 能存其心，養育其正性，可謂仁人。天道好生，仁人亦好生。天道無親，惟仁是與。行與天合，故曰所以事天。

[四] 貳，二也。仁人之行，一度而已。雖見前人或殀或壽，終無二心改易其道。殀若顏淵，壽若邵公，皆歸之命。脩正其身，以待天命，此所以立命之本也。《章指》言：盡心竭性，足以承天，殀壽禍福，秉心不違，立命之道，惟是爲珍。

(十三·二)

孟子曰："莫非命也，順受其正。[一] 是故知命者不立乎巖牆之下。盡其道而死者，正命也；[二] 桎梏死者，非正

〔一〕 日存其心養其性 "日"，阮刻本作"苟"。

命也。"〔三〕

〔一〕莫,無也。人之終,無非命也。命有三名,行善得善曰受命,行善得惡曰遭命,行惡得惡曰隨命。惟順受命爲受其正也。

〔二〕知命者欲趨於正,故不立巖牆之下,恐壓覆也。盡脩身之道,以壽終者,爲得正命也。

〔三〕畏壓溺死〔一〕,禮所不弔,故曰非正命也。《章指》言:人必趨命,貴受其正,巖牆之疑,君子遠之。

(十三·三)

孟子曰:"求則得之,舍則失之,是求有益於得也,求在我者也。〔一〕求之有道,得之有命,是求無益於得也,求在外者也。"〔二〕

〔一〕謂脩仁行義,事在於我,我求則得,我舍則失,故求有益於得也。

〔二〕謂賢者脩其天爵,而人爵從之,故曰求之有道也。脩天爵者,或得或否,故言得之有命也。爵祿須知己,知己者在外,非身所專,是以云求無益於得也,求在外也。《章指》言:爲仁由己,富貴在天,故孔子曰:"如不可求,從吾所好。"

(十三·四)

孟子曰:"萬物皆備於我矣,反身而誠,樂莫大焉。〔一〕強恕而行,求仁莫近焉。"〔二〕

〔一〕畏壓溺死 "死",底本、《天禄琳琅》本無,據阮刻本補。

[一] 物，事也。我，身也。普謂人爲成人已往，皆備知天下萬物，常有所行矣。誠者，實也。反自思其身所施行，能皆實而無虛，則樂莫大焉。

[二] 當自強勉以忠恕之道，求仁之術，此最爲近。《章指》言：每必以誠，恕己而行，樂在其中，仁之至也。

(十三·五)

孟子曰："行之而不著焉，習矣而不察焉，終身由之而不知其道者，衆也。"[一]

[一] 人皆有仁義之心，日自行之於其所愛，而不能著明其道以施於大事。仁妻愛子亦以習矣，而不能察知可推以爲善也。由，用也。終身用之，以爲自然，不究其道可成君子：此衆庶之人也。《章指》言：人有仁端，達之以爲道，凡夫用之，不知其爲寶也。

(十三·六)

孟子曰："人不可以無恥。[一] 無恥之恥，無恥矣。"[二]

[一] 人不可以無所羞恥也。《論語》曰："行己有恥。"

[二] 人能恥己之無所恥，是爲改行從善之人，終身無復有恥辱之累也。《章指》言：恥身無分，獨無所恥，斯必遠辱，不爲憂矣。

(十三·七)

孟子曰："恥之於人大矣。爲機變之巧者，無所用恥焉。[一] 不恥不若人，何若人有？"[二]

[一] 恥者爲不正之道，正人之所恥爲也。今造機變穽陷之巧以攻戰者，非古之正道也。取爲一切可勝敵也，宜無以錯於廉恥之心也。

[二] 不恥不如古之聖人，何有如賢人之名也。《章指》言：不慕大人，何能有恥。是以隰朋愧不及黃帝，佐齊桓以有勳；顏淵慕虞舜，仲尼歎庶幾之云。

(十三·八)

孟子曰："古之賢王好善而忘勢。[一] 古之賢士，何獨不然，樂其道而忘人之勢。[二] 故王公不致敬盡禮，則不得亟見之。見且由不得亟，而況得而臣之乎？"[三]

[一] 樂善而自卑，若高宗得傅說而稟命。

[二] 何獨不然，何獨不有所樂有所忘也。樂道守志，若許由洗耳，可謂忘人之勢矣。

[三] 亟，數也。若伯夷非其君不事，伊尹樂堯舜之道，不致敬盡禮，可數見之乎？作者七人，隱各有方，豈可得而臣之。《章指》言：王公尊賢，以貴下賤之義也；樂道忘勢，不以富貴動心之分也。各崇所尚，則義不虧矣。

(十三·九)

孟子謂宋句踐曰："子好遊乎？吾語子遊。人知之亦囂囂，人不知亦囂囂。"[一]

曰："何如斯可以囂囂矣？"[二]

曰："尊德樂義，則可以囂囂矣。[三] 故士窮不失義，達不離道。窮不失義，故士得己焉。達不離道，故民不失望焉。^[四]古之人得志，澤加於民；不得志，脩身見於世。窮則獨善其身，達則兼善天下。"^[五]

［一］宋，姓也；句踐，名也。好以道德遊，欲行其道者。囂囂，自得無欲之貌。

［二］句踐問何執守可囂囂也。

［三］尊，貴也。孟子曰：能貴德而履之，樂義而行之，則可以囂囂無欲矣。

［四］窮不失義，不爲不義而苟得，故得己之本性也。達不離道，思利民之道，故民不失其望也。

［五］古之人得志君國，則德澤加於民人。不得志，謂賢者不遭遇也。見，立也，獨治其身以立於世間，不失其操也，是故獨善其身。達謂得行其道，故能兼善天下也。《章指》言：內定常滿，囂囂無憂，可出可處，故云以遊。脩身立世，賤不失道，達善天下，乃用其寶。句踐好遊，未得其要，孟子言之，然後乃喻。

(十三·十)

孟子曰："待文王而後興者，凡民也。若夫豪傑之士，雖無文王猶興。"^[一]

［一］凡民，無異知者也，故由文王之大化，乃能自興起以趨善道。若夫豪傑，才知千萬於凡人者，雖不遭文王，猶能自起以善守身正行，不陷溺也。《章指》言：小人待化，乃不辟邪；君子特立，不爲俗移，故稱豪傑自興也。

(十三・十一)

孟子曰："附之以韓魏之家,如其自視欿然,則過人遠矣。"[一]

[一] 附,益也。韓魏,晉六卿之富者也。言人既自有家,復益以韓魏百乘之家,其富貴已美矣。而其人欿然不足,自知仁義之道不足也,此則過人甚遠矣。《章指》言:人情富盛,莫不驕矜,若能欿然,謂不如人,非但免過,卓絕乎凡也。

(十三・十二)

孟子曰："以佚道使民,雖勞不怨。[一] 以生道殺民,雖死不怨殺者。"[二]

[一] 謂教民趨農,役有常時,不使失業,當其雖勞,後獲其利,則佚矣。若亟其乘屋之類也,故曰不怨。

[二] 謂殺大辟之罪者,以坐殺人故也。殺此罪人者,其意欲生民也。故雖伏罪而死,不怨殺者。《章指》言:勞人欲以佚之,殺人欲以生之,則民無怨讟也。

(十三・十三)

孟子曰："霸者之民,驩虞如也。王者之民,皞皞如也。殺之而不怨,利之而不庸,民日遷善而不知爲之者。[一] 夫君子所過者化,所存者神,上下與天地同流,豈曰小補之哉!"[二]

[一] 霸者行善恤民,恩澤暴見易知,故民驩虞樂之也。王者道

大法天，浩浩而德難見也。殺之不怨，故曰殺人而不怨也。庸，功也。利之使趨時而農，六畜繁息，無凍餓之老，而民不知獨是王者之功。脩其庠序之教，使日遷善，亦不能覺知誰爲之者。言化大也。

[二]君子通於聖人，聖人如天。過此世能化之，存在此國，其化如神，故言與天地同流也。天地化物，歲成其功，豈曰使成人知其小補益也。《章指》言：王政浩浩，與天地同道；霸者德小，民人速覩：是以賢者志其大者也。

(十三·十四)

孟子曰："仁言不如仁聲之入人深也，[一]善政不如善教之得民也。[二]善政，民畏之；善教，民愛之。善政得民財，善教得民心。"[三]

[一]仁言，政教法度之言也。仁聲，樂聲雅頌也。仁言之政雖明，不如雅頌感人心之深也。

[二]善政使民不違上，善教使民尚仁義，心易得也。

[三]畏之，不逋怠，故賦役舉而財聚於一家也。愛之，樂風化而上下親，故歡心可得也。《章指》言：明法審令，民趨君命。崇寬務化，民愛君德。故曰移風易俗，莫善於樂。

(十三·十五)

孟子曰："人之所不學而能者，其良能也。所不慮而知者，其良知也。[一]孩提之童，無不知愛其親者，及其長也，無不知敬其兄也。[二]親親，仁也。敬長，義也。無他，達之天下也。"[三]

[一] 不學而能，性所自能。良，甚也。是人之所能甚也。知亦猶是能也。

[二] 孩提，二三歲之間，在襁褓知孩笑可提抱者也。少知愛親，長知敬兄，此所謂良能良知也。

[三] 人仁義之心，少而皆有之。欲爲善者無他，達，通也，但通此親親敬長之心，施之天下人而已。《章指》言：本性良能，仁義是也。達之天下，恕乎己也。

(十三·十六)

孟子曰："舜之居深山之中，與木石居，與鹿豕遊，其所以異於深山之野人者幾希。[一]及其聞一善言，見一善行，若決江河，沛然莫之能禦也。"[二]

[一] 舜耕歷山之時，居木石間。鹿豕近人，若與人遊也。希，遠也。當此之時，舜與野人相去豈遠哉。

[二] 舜雖外與野人同其居處，聞人一善言則從之，見人一善行則識之，沛然不疑，若江河之流，無能禦止其所欲行。《章指》言：聖人潛隱，辟若神龍，亦能飛天，亦能小同，舜之謂也。

(十三·十七)

孟子曰："無爲其所不爲，無欲其所不欲，如此而已矣。"[一]

[一] 無使人爲己所不欲爲者，無使人欲己之所不欲者，每以身況之如此，則人道足也。《章指》言：己所不欲，勿施於人，

仲尼之道也。

(十三·十八)

孟子曰："人之有德慧術知者，恒存乎疢疾。^[一]獨孤臣孽子，其操心也危，其慮患也深，故達。"^[二]

[一] 人所以有德行智慧道術才智者，在於有疢疾之人。疢疾之人，又力學，故能成德。

[二] 此即人之疢疾也，自以孤微，懼於危殆之患而深慮之，勉爲仁義，故至於達也。《章指》言：孤孽自危，故能顯達，膏粱難正，多用沈溺。是故在上不驕，以戒諸侯也。

(十三·十九)

孟子曰："有事君人者，事是君則爲容悅者也。^[一]有安社稷臣者，以安社稷爲悅者也。^[二]有天民者，達可行於天下而後行之者也。^[三]有大人者，正己而物正者也。"^[四]

[一] 事君，求君之意，爲苟容以悅君而已。

[二] 忠臣志在安社稷而後悅也。

[三] 天民，知道者也。可行而行，可止而止。

[四] 大人，大丈夫不爲利害動移者也。正己物正，象天不言而萬物化成也。《章指》言：容悅凡臣，社稷股肱，天民行道，大人正身。凡此四科，優劣之差。

(十三·二十)

孟子曰："君子有三樂，而王天下不與存焉。父母俱存，兄弟無故，一樂也。仰不愧於天，俯不怍於人，二樂也。得天下英才而教育之，三樂也。[一]君子有三樂，而王天下不與存焉。"[二]

[一] 天下之樂不得與此三樂之中。兄弟無故，無他故。不愧天，又不怍人，心正無邪也。育，養也。教養英才，成之以道，皆樂也。

[二] 孟子重言，是美之也。《章指》言：保親之養，兄弟無他，誠不愧天，育養英才，賢人能之，樂過萬乘，孟子重焉，一章再云也。

(十三·二十一)

孟子曰："廣土眾民，君子欲之，所樂不存焉。中天下而立，定四海之民，君子樂之，所性不存焉。[一]君子所性，雖大行不加焉，雖窮居不損焉，分定故也。[二]君子所性，仁義禮智根於心，其生色也，睟然見於面，盎於背，施於四體。四體不言而喻。"[三]

[一] 廣土眾民，大國諸侯也。所樂不存，樂行禮也。中天下而立，謂王者。所性不存，謂性仁義者也。

[二] 大行，行政於天下。窮居，不失性也。分定故不變。

[三] 四者根生於心，色見於面。睟然，潤澤之貌也。盎視其背而可知，其背盎盎然，盛流於四體。四體有匡國之綱，雖口不言，人以曉喻而知之也。《章指》言：臨涖天下，君國子民，君子之樂，尚不與存。仁義內充，身體履方，四支不言，蟠辟用張。心邪意溺，進退無容，於是之際，知其不同也。

(十三·二十二)

　　孟子曰："伯夷辟紂，居北海之濱，聞文王作，興曰：'盍歸乎來？吾聞西伯善養老者。'太公辟紂，居東海之濱，聞文王作，興曰：'盍歸乎來？吾聞西伯善養老者。'[一] 天下有善養老，則仁人以爲己歸矣。[二] 五畝之宅，樹牆下以桑，匹婦蠶之，則老者足以衣帛矣。五母雞、二母彘，無失其時，老者足以無失肉矣。百畝之田，匹夫耕之，八口之家足以無飢矣。[三] 所謂西伯善養老者，制其田里，教之樹畜，導其妻子，使養其老。五十非帛不煖，七十非肉不飽。不煖不飽，謂之凍餒。文王之民，無凍餒之老者，此之謂也。"[四]

　　[一] 已説於上篇。

　　[二] 天下有能若文王者，仁人將復歸之矣。

　　[三] 五雞、二彘，八口之家畜之，足以爲畜產之本也。

　　[四] 所謂無凍餒者，教導之使可以養老者耳，非家賜而人益之也。
　　　《章指》言：王政普大，教其常業，各養其老，使不凍餒。二老聞之，歸身自託，衆鳥不羅，翔鳳來集，亦斯類也。

(十三·二十三)

　　孟子曰："易其田疇，薄其稅斂，民可使富也。食之以時，用之以禮，財不可勝用也。[一] 民非水火不生活，昏暮叩人之門户求水火，無弗與者，至足矣。聖人治天下，使有菽粟如水火。菽粟如水火，而民焉有不仁者乎？"[二]

　　[一] 易，治也。疇，一井也。教民治其田疇，薄其稅斂，不踰什

一，則民富矣。食取其征賦以時，用之以常禮，不踰禮以費財也，故畜積有餘，財不可勝用也。

[二] 水火能生人，有不愛者，至饒足故也。菽粟饒多若是，民皆輕施於人，何有不仁者也。《章指》言：教民之道，富而節用，畜積有餘，焉有不仁，故曰倉廩實知禮節也。

(十三・二十四)

孟子曰："孔子登東山而小魯，登太山而小天下，故觀於海者難爲水，遊於聖人之門者難爲言。[一] 觀水有術，必觀其瀾。[二] 日月有明，容光必照焉。[三] 流水之爲物也，不盈科不行。君子之志於道也，不成章不達。"[四]

[一] 所覽大者意大，觀小者志小也。

[二] 瀾，水中大波也。

[三] 容光，小郤也。言大明照幽微也。

[四] 盈，滿也。科，欿也。流水滿欿乃行，以喻君子學必成章，乃仕進也。《章指》言：弘大明者無不照，包聖道者成其仁。是故賢者志大，宜爲君子。

(十三・二十五)

孟子曰："雞鳴而起，孳孳爲善者，舜之徒也。雞鳴而起，孳孳爲利者，蹠之徒也。欲知舜與蹠之分，無他，利與善之間也。"[一]

[一] 蹠，盜蹠也。蹠舜之分以此別之。《章指》言：好善從舜，好利從蹠，明明求之，常若不足，君子小人，各一趣也。

(十三·二十六)

　　孟子曰:"楊子取爲我,拔一毛而利天下,不爲也。[一]墨子兼愛,摩頂放踵利天下,爲之。[二]子莫執中。[三]執中爲近之。執中無權,猶執一也。[四]所惡執一者,爲其賊道也,舉一而廢百也。"[五]

[一] 楊子,楊朱也。爲我,爲己也。拔己一毛以利天下之民,不爲也。

[二] 墨子,墨翟也。兼愛他人,摩突其頂下至於踵,以利天下,己樂爲之也。

[三] 子莫,魯之賢人也。其性中和專一者也。

[四] 執中和,近聖人之道,然不權。聖人之重權。執中而不知權,猶執一介之人,不知時變也。

[五] 所以惡執一者,爲其不知權,以一知而廢百道也。《章指》言:楊墨放蕩,子莫執一,聖人量時,不取此術。孔子行止,唯義所在。

(十三·二十七)

　　孟子曰:"飢者甘食,渴者甘飲,是未得飲食之正也,飢渴害之也。[一]豈惟口腹有飢渴之害?人心亦皆有害。[二]人能無以飢渴之害爲心害,則不及人不爲憂矣。"[三]

[一] 飢渴害其本所以知味之性,令人強甘之。

[二] 爲利欲所害,亦猶飢渴得之。

[三] 人能守正,不爲邪利所害,雖謂富貴之事不及逮人,猶爲君子,不爲善人所憂患也。《章指》言:飢不妄食,忍情抑欲,

賤不失道,不爲苟求。能無心害,夫將何憂。

(十三·二十八)

孟子曰:"柳下惠不以三公易其介。"[一]

[一]介,大也。柳下惠執弘大之志,不恥汙君,不以三公榮位易其大量也。《章指》言:柳下惠不恭,用志大也。無可無否,以賤爲貴也。

(十三·二十九)

孟子曰:"有爲者辟若掘井,掘井九軔而不及泉,猶爲棄井也。"[一]

[一]有爲,爲仁義也。軔,八尺也。雖深而不及泉,喻有爲者中道而盡棄前行也。《章指》言:爲仁由己,必在究之,九軔而輟,無益成功。《論》之一簣,義與此同。

(十三·三十)

孟子曰:"堯舜,性之也。湯武,身之也。五霸,假之也。[一]久假而不歸,惡知其非有也?"[二]

[一]性之,性好仁,自然也。身之,體之行仁,視之若身也。假之,假仁以正諸侯也。

[二]五霸若能久假仁義,譬若假物久而不歸,安知其不真有也。《章指》言:仁在性體,其次假借,用而不已,實何以易,在其勉之也。

(十三·三十一)

公孫丑曰:"伊尹曰:'予不狎于不順。'放太甲於桐,民大悦。太甲賢,又反之,民大悦。賢者之爲人臣也,其君不賢,則固可放與?"〔一〕

孟子曰:"有伊尹之志則可,無伊尹之志則篡也。"〔二〕

[一] 丑怪伊尹賢者而放其君,何也。
[二] 大臣秉忠,志若伊尹,欲寧殷國,則可放惡而不即立君,宿留冀改而復之。如無伊尹之忠,見間乘利,篡心乃生,何可放也。《章指》言:憂國忘家,意在出身,志在寧君,放惡攝政,伊周有焉。凡人志異,則生篡心也。

(十三·三十二)

公孫丑曰:"《詩》曰:'不素餐兮。'君子之不耕而食,何也?"〔一〕

孟子曰:"君子居是國也,其君用之,則安富尊榮;其子弟從之,則孝悌忠信。不素餐兮,孰大於是?"〔二〕

[一]《詩》,魏國《伐檀》之篇也。無功而食,謂之素餐,世之君子有不耕而食者,何也。
[二] 君子能使人化其道德,移其習俗,君安國富而保其尊榮〔一〕,子弟孝悌而樂忠信,不素餐之功,誰大於是?何爲不可以食祿。《章指》言:君子正己,以立於世,世美其道,君臣是貴,所過者化,何素餐之謂也。

〔一〕 君安國富 此四字《天禄琳琅》本、阮刻本作"身安國富"。

(十三·三十三)

王子墊問曰:"士何事?"[一]

孟子曰:"尚志。"[二]

曰:"何謂尚志?"

曰:"仁義而已矣。殺一無罪,非仁也。非其有而取之,非義也。居惡在?仁是也。路惡在?義是也。居仁由義,大人之事備矣。"[三]

[一] 齊王子名墊也。問士當何事爲事也。

[二] 尚,上也。士當貴上於用志也。

[三] 孟子言志之所尚,仁義而已矣。不殺無罪、不取非有者爲仁義,欲知其所當居者仁爲上,所由者義爲貴,大人之事備也。《章指》言:人當尚志,志於善也。善之所由,仁與義也。欲使王子無過差也。

(十三·三十四)

孟子曰:"仲子,不義與之齊國而弗受,人皆信之,是舍簞食豆羹之義也。[一]人莫大焉亡親戚君臣上下。以其小者信其大者,奚可哉?"[二]

[一] 仲子,陳仲子,處於陵者。人以爲廉,謂以不義而與之齊國,必不受之。孟子以爲仲子之義,若上章所道簞食豆羹,無禮則不受,萬鍾則不辯禮義而受之也。

[二] 人當以禮義爲正,陳仲子避兄離母,不知仁義親戚上下之敘,何可以其不廉信以爲大哉。《章指》言:事有輕重,行有大小,以大包小可也,以小信大,未之聞者也。

270

（十三·三十五）

桃應問曰："舜爲天子，皋陶爲士，瞽瞍殺人，則如之何？"[一]

孟子曰："執之而已矣。"[二]

"然則舜不禁與？"[三]

曰："夫舜惡得而禁之？夫有所受之也。"[四]

"然則舜如之何？"[五]

曰："舜視棄天下猶棄敝蹝也。竊負而逃，遵海濱而處，終身訢然，樂而忘天下。"[六]

[一] 桃應，孟子弟子。問皋陶爲士官，主執罪人，瞽瞍惡暴而殺人，則皋陶如何。

[二] 孟子曰：皋陶執之耳。

[三] 桃應以爲舜爲天子，使有司執其父，不禁止之邪。

[四] 夫，辭也。孟子曰：夫舜惡得禁之。夫天下乃受之於堯，當爲天理民，王法不曲，豈得禁之也！

[五] 應問舜爲之將如何。

[六] 孟子曰：舜視棄天下如捐棄敝蹝。蹝，草履可蹝者也。敝喻不惜。舜必負父而遠逃，終身訢然，忽忘天下之爲貴也。《章指》言：奉法承天，政不可枉，大孝榮父，遺棄天下，虞舜之道，趨將若此。孟子之言，揆聖意也。

（十三·三十六）

孟子自范之齊，望見齊王之子，喟然嘆曰："居移氣，養移體。大哉居乎！夫非盡人之子與？"[一]

孟子曰："王子宮室、車馬、衣服多與人同，而王子若彼者，其居使之然也，況居天下之廣居者乎？[二]魯君之宋，呼於垤澤之門。守者曰：'此非吾君也，何其聲之似我君也？'此無他，居相似也。"[三]

[一]范，齊邑，王庶子所封食也。孟子之范，見王子之儀，聲氣高涼，不與人同。還至齊，謂諸弟子，喟然而嘆曰：居尊則氣高，居卑則氣下。居之移人氣志使之高涼，若供養之移人形身使充盛也。"大哉居乎"者，言當慎所居，人必居仁也。凡人與王子豈非盡是人之子也，王子居尊勢，故儀聲如是也。《章指》言：人性皆同，居使之異，君子居仁，小人處利，譬猶王子，殊於衆品也。

[二]言王子宮室、乘服皆人之所用之耳，然而王子若彼高涼者，居勢位故也。況居廣居，謂行仁義，仁義在身，不言而喻也。

[三]垤澤，宋城門名也。人君之聲相似者，以其俱居尊勢，故音氣同也。以城門不自肯夜開，故君自發聲。《章指》言：輿服器用，人用不殊，尊貴居之，志氣以舒。是以居仁由義，盎然內優，胸中正者，眸子不瞥也。

(十三·三十七)

孟子曰："食而弗愛，豕交之也。愛而不敬，獸畜之也。恭敬者，幣之未將者也。恭敬而無實，君子不可虛拘。"[一]

[一]人之交接，但食之而不愛，若養豕也。愛而不敬，若人畜禽獸，但愛而不能敬也。且恭敬者如有幣帛，當以行禮，而未以命將行之也。恭敬貴實，如其無實，何可虛拘致君子之心也。《章指》言：取人之道，必以恭敬，恭敬貴實，虛則不

應。實者言敬愛也。

（十三・三十八）

孟子曰："形色，天性也。[一]惟聖人然後可以踐形。"[二]

[一] 形謂君子體貌嚴尊也，《尚書・洪範》："一曰貌。"色謂婦人妖麗之容，《詩》云："顏如蕣華[一]。"此皆天假施於人也。
[二] 踐，履居之也。《易》曰："黃中通理。"聖人內外文明，然後能以正道履居此美形，不言居色主名，尊陽抑陰之義也。《章指》言：體德正容，大人所履，有表無裏，謂之柚椊，是以聖人乃堪踐形也。

（十三・三十九）

齊宣王欲短喪。

公孫丑曰："爲期之喪，猶愈於已乎？"[一]

孟子曰："是猶或紾其兄之臂，子謂之姑徐徐云爾，亦教之孝弟而已矣。"[二]

王子有其母死者，其傅爲之請數月之喪。

公孫丑曰："若此者，何如也？"[三]

曰："是欲終之而不可得也，雖加一日愈於已。謂夫莫之禁而弗爲者也。"[四]

[一] 齊宣王以三年之喪爲太長久，欲減而短之，因公孫丑使自以其意問孟子。既不能三年喪，以期年差愈於止而不行喪者。

〔一〕 顏如蕣華　"蕣"，《天祿琳琅》本同，阮刻本作"舜"。

［二］紾，戾也。孟子言有人戾其兄之臂，爲不順也，而子謂之曰：且徐徐云爾。是豈以徐之爲差者乎？不若教之以孝悌，勿復戾其兄之臂也。今欲行其期喪，亦猶曰徐徐之類也。

［三］丑曰：王之庶夫人死，迫於適夫人，不得行其喪親之數，其傅爲請之於君，欲使得行數月喪，如之何。

［四］孟子曰：如是，王子欲終服其子禮而不能者也。加益一日則愈於止，況數月乎？所謂不當者，謂無禁自欲短之，故譏之也。《章指》言：禮斷三年，孝者欲益，富貴怠厭，思減其日，君子正言，不可阿情。丑欲期之，故譬以紾兄徐徐也。

(十三·四十)

孟子曰："君子之所以教者五。［一］有如時雨化之者，［二］有成德者，有達財者，有答問者，有私淑艾者。［三］此五者，君子之所以教也。"［四］

［一］教民之道有五品。

［二］教之漸漬而沾洽也。

［三］私，獨。淑，善。艾，治也。君子獨善其身，人法其仁，此亦與教法之道無差也。

［四］申言之，孟子貴重此教之道。《章指》言：教人之術，莫善五者。養育英才，君子所珍，聖所不倦，其惟誨人乎。

(十三·四十一)

公孫丑曰："道則高矣美矣，宜若登天然，似不可及也。何不使彼爲可幾及而日孳孳也。"［一］

孟子曰："大匠不爲拙工改廢繩墨，羿不爲拙射變其彀

率。君子引而不發，躍如也。中道而立，能者從之。"[二]

[一] 丑以爲聖人之道大高遠，將若登天，人不能及也，何不少近人情，令彼凡人可庶幾，使日孳孳自勉也。

[二] 大匠不爲新學拙工故爲之改鑿廢繩墨，必正也，羿不爲新學拙射者變其彀率之法也。彀弩張嚮，表率之正體，望之極思，用巧之時，不可變也。君子謂於射則引弓彀弩而不發，以待彀偶也。於道則中，道德之中，不以學者不能故卑下其道，將以須於能者往取之也。《章指》言：曲高和寡，道大難追，然而履正者不枉，執德者不回，故曰人能弘道。丑欲下之，非也。

(十三·四十二)

孟子曰："天下有道，以道殉身。天下無道，以身殉道。未聞以道殉乎人者也。"[一]

[一] 殉，從也。天下有道，得行王政，道從身施功實也。天下無道，道不得行，以身從道，守道而隱。不聞以正道從俗人也。《章指》言：窮達卷舒，屈伸異變，變流從顧，守者所慎，故曰金石獨止，不殉人也。

(十三·四十三)

公都子曰："滕更之在門也，若在所禮而不答，何也？"[一]

孟子曰："挾貴而問，挾賢而問，挾長而問，挾有勳勞而問，挾故而問，皆所不答也。滕更有二焉。"[二]

［一］滕更，滕君之弟，來學於孟子也。言國君之弟而樂在門人中，宜答見禮，而夫子不答，何也。

［二］挾，接也。接己之貴勢，接己之有賢才，接己長老，接己當有功勞之恩，接己與師有故舊之好，凡恃此五者而以學問，望師之待以異意而教之，皆所不當答。滕更有二焉，接貴接賢，故不答矣。《章指》言：學尚虛己，師誨貴平〔一〕，是以滕更恃二，孟子弗應。

(十三·四十四)

孟子曰："於不可已而已者，無所不已。於所厚者薄，無所不薄也。其進銳者，其退速。"［一］

［一］已，棄也。於義所不當棄而棄之，則不可，所以不可而棄之，使無罪者咸恐懼也。於義當厚而反薄之，何不薄也。不憂見薄者，亦皆自安矣。不審察人而過進，不肖越其倫，悔而退之必速矣。當翔而後集，慎如之何。《章指》言：賞僭及淫，刑濫傷善，不僭不濫，詩人所紀。是以季文三思，何後之有？

(十三·四十五)

孟子曰："君子之於物也，愛之而弗仁。［一］於民也，仁之而弗親。［二］親親而仁民，仁民而愛物。"［三］

〔一〕 師誨貴平 "平"，底本作"乎"，據《天祿琳琅》本、阮刻本改。

〔一〕物，謂凡物可以養人者也。當愛育之，而不知人仁〔一〕，若犧牲不得不殺也。

〔二〕臨民以非己族類，故不得與親同也。

〔三〕先親其親戚然後仁民，仁民然後愛物，用恩之次也。《章指》言：君子布德，各有所施，事得其宜，故謂之義也。

（十三・四十六）

孟子曰："知者無不知也，當務之爲急。仁者無不愛也，急親賢之爲務。〔一〕堯舜之知而不徧物，急先務也。堯舜之仁不徧愛人，急親賢也。〔二〕不能三年之喪而緦、小功之察，放飯流歠而問無齒決，是之謂不知務。"〔三〕

〔一〕知者，知所務善也。仁者，務愛賢也。

〔二〕物，事也。堯舜不徧知百工之事，不徧愛衆人。先愛賢使治民，不二三自往親加恩惠也。

〔三〕尚不能行三年之喪，而復察緦麻、小功之禮。放飯，大飯也。流歠，長歠也。齒決，斷肉置其餘也。於尊者前賜食，大飯長歠，不敬之大者。齒決，小過耳。言世之先務，舍大譏小，若此之類也。《章指》言：振裘持領，正羅維綱，君子百行，先務其崇。是以堯舜親賢，大化以隆道爲要也。

〔一〕不知人仁　"知人"，《天祿琳琅》本作"如人"，阮刻本作"加之"。

孟子卷第十四

盡心章句下

(十四·一)

孟子曰："不仁哉梁惠王也！仁者以其所愛，及其所不愛；不仁者以其所不愛，及其所愛。"[一]

公孫丑問曰："何謂也？"[二]

"梁惠王以土地之故，糜爛其民而戰之，大敗。將復之，恐不能勝，故驅其所愛子弟以殉之，是之謂以其所不愛及其所愛也。"[三]

[一] 梁，魏都也。以，用也。仁者用恩於所愛之臣民，王政不偏，普施德教，所不親愛者並蒙其恩澤也。用不仁之政加於所不親愛，則有災傷，加所愛之臣民亦並被其害。惠王好戰殺人，故孟子曰不仁哉。

[二] 丑問及所愛之狀何謂也。

[三] 孟子言惠王貪利鄰國之土地而戰，其民死亡於野，骨肉糜爛而不收兵，大敗而欲復戰，恐士卒少不能用勝，故復驅其所愛近臣及子弟而以殉之。殉，從也。所愛從其所不愛而往趨死亡，故曰及其所愛也。東敗於齊，長子死焉。《章指》言：發政施仁，一國被恩；好戰輕民，災及所親。著此魏王，以戒人君也。

(十四·二)

孟子曰："《春秋》無義戰，彼善於此，則有之矣。征者，上伐下也，敵國不相征也。"[一]

[一]《春秋》所載戰伐之事，無應王義者也，彼此相覺有善惡耳。孔子舉毫毛之善，貶纖芥之惡，故皆錄之於《春秋》也。上伐下謂之征。諸侯敵國，不得相征。五霸之世，諸侯相征，於三王之法，不得其正者也。《章指》言：《春秋》撥亂，時多爭戰，事實違禮，以文反正。征伐誅討，不自王命，故曰無義戰也。

(十四·三)

孟子曰："盡信《書》，則不如無《書》。吾於《武成》，取二三策而已矣。仁人無敵於天下，以至仁伐至不仁，而何其血之流杵也？"[一]

[一]《書》，《尚書》。經有所美，言事或過，若《康誥》曰"冒聞于上帝"，《甫刑》曰"帝清問下民"，《梓材》曰"欲至于萬年"，又曰"子子孫孫永保民"。人不能聞天，天不能問民，萬年永保，皆不可得爲書，豈可案文而皆信之哉。《武成》，逸《書》之篇名，言武王誅紂，戰鬬殺人，血流舂杵。孟子言武王以至仁伐至不仁，殷人簞食壺漿而迎其師，何乃至於血流漂杵乎？故吾取《武成》兩三簡策可用者耳，其過辭則不取也。《章指》言：文之有美過實，聖人不改，錄其意也。非獨《書》云，《詩》亦有言，"嵩高極天，則百斯男"，亦以過矣。是故取於《武成》二三而已。

(十四·四)

孟子曰："有人曰'我善爲陳，我善爲戰'，大罪也。國君好仁，天下無敵焉。南面而征，北夷怨；東面而征，西夷怨。曰：'奚爲後我？'^[一] 武王之伐殷也，革車三百兩，虎賁三千人。王曰：'無畏，寧爾也，非敵百姓也。'若崩厥角、稽首。征之爲言正也，各欲正己也，焉用戰？"^[二]

[一] 此人欲勸諸侯以攻戰也，故謂之有罪。好仁無敵，四夷怨望遲，願見征，何爲後我。已説於上篇。

[二] 革車，兵車也。虎賁，武士爲小臣者也。《書》云："虎賁綴衣，趣馬小尹。"三百兩，三百乘也。武王令殷人曰：無驚畏，我來安正爾也〔一〕。百姓歸周，若崩厥角，犀至地〔二〕。稽首拜命，亦以首至地也。各欲令武王來征己之國，安用善戰陳者。《章指》言：民思明君，若旱望雨，以仁伐暴，誰不欣喜。是以殷民厥角，周師歌舞，焉用善戰，故云罪也。

(十四·五)

孟子曰："梓匠輪輿，能與人規矩，不能使人巧。"^[一]

[一] 梓匠輪輿之功，能以規矩與人。人之巧在心，拙者雖得規矩，不以成器也。《章指》言：規矩之法，喻若典禮，人不志仁，雖誦憲籍，不能以善。善人脩道，公輸守繩，政成器美，惟度是應，得其理也。

(十四·六)

孟子曰："舜之飯糗茹草也，若將終身焉。及其爲天子

〔一〕我來安正爾也 "正"，《天禄琳琅》本、阮刻本作"止"。
〔二〕犀至地 此三字《天禄琳琅》本、阮刻本作"額角犀厥地"。

也，被袗衣，鼓琴，二女果，若固有之。"[一]

> [一] 糗，飯乾糒也。袗，畫也。果，侍也。舜耕陶之時，飯糗茹草，若將終身如是。及爲天子，被畫衣黼黻絺繡也。鼓琴，以協音律也。以堯二女自侍，亦不佚豫，如固自當有之也。《章指》言：阨窮不憫，貴而思降，凡人所難，虞舜所隆聖德，所以殊也。

(十四·七)

孟子曰："吾今而後知殺人親之重也。殺人之父，人亦殺其父。殺人之兄，人亦殺其兄。然則非自殺之也，一間耳。"[一]

> [一] 父仇不同天，兄仇不同國，以惡加人，人必加之，知其重也。一間者，我往彼來，間一人耳。與自害其親何異哉。《章指》言：恕以行仁，遠禍之端。暴以殘民，招咎之患。是以君子好生惡殺，反諸身也。

(十四·八)

孟子曰："古之爲關也，將以禦暴。今之爲關也，將以爲暴。"[一]

> [一] 古之爲關，將以禦暴亂，譏閉非常也。今之爲關，反以征稅出入之人，將以爲暴虐之道也。《章指》言：脩理關梁，譏而不征，如以稅斂，非其式程，懼將爲暴，故載之也。

(十四·九)

　　孟子曰："身不行道，不行於妻子；使人不以道，不能行於妻子。"[一]

　　[一] 身不自履行道德，而欲使人行道德，雖妻子不肯行之。言無所則效，使人不順其道理，不能使妻子順之，而況於他人者乎。《章指》言：率人之道，躬行爲首。故《論語》曰："其身不正，雖令不從。"

(十四·十)

　　孟子曰："周于利者，凶年不能殺。周于德者，邪世不能亂。"[一]

　　[一] 周達於利，營苟得之利而趨生，雖凶年不能殺之。周達於德，身欲行之，雖遭邪世，不能亂其志也。《章指》言：務利蹈奸，務德蹈仁，舍生取義，其道不均也。

(十四·十一)

　　孟子曰："好名之人能讓千乘之國。苟非其人，簞食豆羹見於色。"[一]

　　[一] 好不朽之名者，輕讓千乘，子臧、季札之儔是也。誠非好名者，爭簞飯豆羹變色，訟之致禍，鄭子公染指魭羹之類是也。《章指》言：廉貪相殊，名亦卓異，故聞伯夷之風，懦夫有立志也。

(十四·十二)

孟子曰:"不信仁賢,則國空虛。無禮義,則上下亂。無政事,則財用不足。"[一]

[一] 不親信仁賢,仁賢去之,國無賢人,則曰空虛也。無禮義以正尊卑,則上下之序泯亂。無善政以教人農時,貢賦則不入,故財用不足。《章指》言:親賢正禮,明其五教,爲政之源,聖人以三者爲急也。

(十四·十三)

孟子曰:"不仁而得國者有之矣。不仁而得天下者,未之有也。"[一]

[一] 不仁得國者,謂若象封於有庳,叔鮮、叔度封於管蔡,以親親之恩而得國也。雖有誅亡,其世有土。丹朱、商均,天下元子,以其不仁,天下不與,故不得有天下也。《章指》言:王者當天,然後處之。桀、紂、幽、厲,雖得猶失,不以善終,不能世祀,不爲得也。

(十四·十四)

孟子曰:"民爲貴,社稷次之,君爲輕。是故得乎丘民而爲天子,[一]得乎天子爲諸侯,[二]得乎諸侯爲大夫。[三]諸侯危社稷,則變置,[四]犧牲既成,粢盛既絜,祭祀以時,然而旱乾水溢,則變置社稷。"[五]

[一] 君輕於社稷,社稷輕於民。丘,十六井也。天下丘民皆樂其

政，則爲天子，殷湯、周文是也。

[二] 得天子之心，封以爲諸侯。

[三] 得諸侯之心，諸侯封以爲大夫。

[四] 諸侯爲危社稷之行，則變更立賢諸侯也。

[五] 犧牲已成肥腯，粱稻已成絜精，祭祀社稷常以春秋之時，然而其國有旱乾水溢之災，則毁社稷而更置也。《章指》言：得民爲君，得君爲臣，民爲貴也。先黜諸侯，後毁社稷，君爲輕也。重民敬祀，治之所先，故列其次而言之。

（十四·十五）

孟子曰："聖人，百世之師也，伯夷、柳下惠是也。[一] 故聞伯夷之風者，頑夫廉，懦夫有立志。聞柳下惠之風者，薄夫敦，鄙夫寬。奮乎百世之上，百世之下聞者莫不興起也。非聖人而能若是乎？而況於親炙之者乎？"[二]

[一] 伯夷之清，柳下惠之厚〔一〕，聖人之一概也。

[二] 頑，貪。懦，弱。鄙，狹也。百世，言其遠也。興起，志意興起也。非聖人之行，何能感人若是。踰聞尚然，況親見而熏炙者也。《章指》言：伯夷、柳下，變貪厲薄，千載聞之，猶有感激，謂之聖人，美其德也。

（十四·十六）

孟子曰："仁也者，人也。合而言之，道也。"[一]

〔一〕 柳下惠之厚 "厚"，《天祿琳琅》本、阮刻本作 "和"。

［一］能行仁恩者，人也。人與仁合而言之，可以謂之有道也。《章
指》言：仁恩須人，人能弘道也。

(十四·十七)

　　孟子曰："孔子之去魯，曰'遲遲吾行也'，去父母國
之道也。去齊，接淅而行，去他國之道也。"［一］

　　［一］遲遲、接淅，說已見上篇。《章指》言：孔子周流不遇，則
　　　　之他國，遠逝惟魯斯戀，篤於父母國之義也。

(十四·十八)

　　孟子曰："君子之戹於陳蔡之間，無上下之交也。"［一］

　　［一］君子，孔子也。《論語》曰："君子之道三，我無能焉。"孔
　　　　子乃尚謙，不敢當君子之道，故可謂孔子爲君子也。孔子所
　　　　以戹於陳蔡之間者，其國君臣皆惡，上下無所交接，故戹也。
　　　　《章指》言：君子固窮，窮不變道。上下無交，無賢援也。

(十四·十九)

　　貉稽曰："稽大不理於口。"［一］
　　孟子曰："無傷也，士憎兹多口。［二］《詩》云'憂心悄
悄，慍於群小'，孔子也。'肆不殄厥愠，亦不殞厥問'，文
王也。"［三］

　　［一］貉，姓；稽，名。仕者也。爲衆口所訕。理，賴也。謂孟子
　　　　曰：稽大不賴人之口，如之何。

[二] 審己之德，口無傷也。離於凡人而爲士者，益多口。

[三]《詩》,《邶風·柏舟》之篇。曰"憂心悄悄"，憂在心也。"慍於群小"，怨小人聚而非議賢者也。孔子論此詩，孔子亦有武叔之口，故曰孔子之所苦也。《大雅·緜》之篇曰"肆不殄厥慍"，殄，絕；慍，怒也。"亦不殞厥問"，殞，失也。言文王不殄絕畎夷之慍怒，亦不能殞失文王之善聲問也。《章指》言：正己信心，不患衆口，衆口諠譁，大聖所有，況於凡品之所能禦，故答貉稽曰無傷也。

(十四·二十)

孟子曰："賢者以其昭昭使人昭昭，今以其昏昏使人昭昭。"[一]

[一] 賢者治國，法度昭昭，明於道德，是躬化之道可也。今之治國，法度昏昏，亂潰之政也。身不能治，而欲使他人昭明，不可得也。《章指》言：以明昭闇，闇者以開；以闇責明，闇者愈迷。賢者可遵，譏今之非也。

(十四·二十一)

孟子謂高子曰："山徑之蹊間，介然用之而成路，爲間不用，則茅塞之矣。今茅塞子之心矣。"[一]

[一] 高子，齊人也。嘗學於孟子，鄉道而未明，去而學於他術。孟子謂之曰：山徑，山之領有微蹊介然，人遂用之不止，則蹊成爲路。爲間，有間也，謂廢而不用，則茅草生而塞之，不復爲路。以喻高子學於仁義之道，當遂行之，而反中止，

比若山路〔一〕，故曰"茅塞子之心也"。《章指》言：聖人之道，學而時習，仁義在身，當常被服，舍而弗脩，猶茅是塞，明爲善之不可倦也。

(十四·二十二)

　　高子曰："禹之聲，尚文王之聲。"
　　孟子曰："何以言之？"〔一〕
　　曰："以追蠡。"〔二〕
　　曰："是奚足哉？城門之軌，兩馬之力與？"〔三〕

〔一〕高子以爲禹之尚貴聲樂過於文王。孟子難之，曰何以言之。
〔二〕高子曰：禹時鐘在者，追蠡也。追，鐘鈕也，鈕擘齧處深矣。蠡蠡，欲絶之貌也。文王之鐘不然。以禹爲尚樂也。
〔三〕孟子曰：是何足以爲禹尚樂乎？先代之樂器，後王皆用之，禹在文王之前千有餘歲，用鐘日久，故追欲絶耳。譬若城門之軌齧，其限切深者，用之多耳，豈兩馬之力使之然乎？兩馬者，《春秋外傳》曰："國馬足以行關，公馬足以稱賦。"《章指》言：前聖後聖，所尚者同，三王一體，何得相踰。欲以追蠡，未達一隅。孟子言之，將啓其蒙。

(十四·二十三)

　　齊饑。陳臻曰："國人皆以夫子將復爲發棠，殆不可復。"〔一〕
　　孟子曰："是爲馮婦也。晉人有馮婦者，善搏虎，卒

〔一〕 比若山路 "比"，《天祿琳琅》本同，阮刻本作"正"。

爲善士。則之野，有衆逐虎，虎負嵎，莫之敢攖。望見馮婦，趨而迎之。馮婦攘臂下車，衆皆悅之。其爲士者笑之。"〔二〕

[一] 棠，齊邑也。孟子嘗勸齊王發棠邑之倉，以振貧窮，時人賴之。今齊人復饑，陳臻言一國之人皆以爲夫子將復若發棠時勸王也，殆不可復言之也。

[二] 馮，姓；婦，名也。勇而有力，能搏虎。卒，後也。善士者，以善搏虎有勇名也，故進以爲士。之於野外，復見逐虎者。攖，迫也。虎依隩而怒，無敢迫近者也。馮婦恥不如前，見虎走而迎之，攘臂下車，欲復搏之。衆人悅其勇猛，其士笑其不知止也。故孟子謂陳臻人欲復使我如發棠時言之於君，是則我爲馮婦也，必爲知者所笑也。《章指》言：可爲則從，不可則凶，言善見用，得其時也。非時逆指，猶若馮婦，暴虎無已，必有害也。

(十四・二十四)

孟子曰："口之於味也，目之於色也，耳之於聲也，鼻之於臭也，四肢之於安佚也，性也，有命焉，君子不謂性也。〔一〕仁之於父子也，義之於君臣也，禮之於賓主也，知之於賢者也，聖人之於天道也，命也，有性焉，君子不謂命也。"〔二〕

[一] 口之甘美味，目之好美色，耳之樂音聲，鼻之喜芬香。臭，香也，《易》曰："其臭如蘭。"四體謂之四枝。四枝解倦，則思安佚不勞苦，此皆人性之所欲也。得居此樂者，有命

祿，人不能皆如其願也。凡人則觸情從欲而求可樂，君子之道，則以仁義爲先，禮節爲制，不以性欲而苟求之也，故君子不謂性也。

[二] 仁者得以恩愛施於父子，義者得以義理施於君臣，好禮者得以禮敬施於賓主〔一〕，知者得以明知知賢達善，聖人得以天道王於天下，此皆命祿，遭遇乃得居而行之，不遇者不得施行。然亦才性有之，故可用也。凡人則歸之命祿，任天而已，不復治性。以君子之道，則脩仁行義，脩禮學知，庶幾聖人亹亹不倦，不但坐而聽命，故曰君子不謂命也。《章指》言：尊德樂道，不追佚性〔二〕，治性勤禮，不專委命。君子所能，小人所病。究言其事，以勸戒也。

(十四・二十五)

浩生不害問曰："樂正子何人也？"[一]

孟子曰："善人也，信人也。"[二]

"何謂善？何謂信？"[三]

曰："可欲之謂善，有諸己之謂信，充實之謂美，充實而有光輝之謂大，大而化之之謂聖，聖而不可知之謂神。樂正子二之中，四之下也。"[四]

[一] 浩生，姓；不害，名。齊人也。見孟子聞樂正子爲政於魯而喜，故問樂政子何等人也。

[二] 樂正子爲人有善有信也。

〔一〕 好禮者得以禮敬施於賓主　"者得以"，底本無，據《天祿琳琅》本、阮刻本補。

〔二〕 不追佚性　"追"，《天祿琳琅》本、阮刻本作"任"。

［三］不害問善信之行謂何。

［四］己之所欲，乃使人欲之，是爲善人。己所不欲，勿施於人也。有之於己，乃謂人有之，是爲信人。不意不信也。充實善信，使之不虛，是爲美人。美德之人也。充實善信而宣揚之，使有光輝，是爲大人。大行其道，使天下化之，是爲聖人。有聖知之明，其道不可得知，是爲神人。人有是六等，樂正子能善能信，在二者之中，四者之下也。《章指》言：神聖以下，優劣異差，樂正好善，應下二科，是以孟子爲之喜也。

(十四・二十六)

孟子曰："逃墨必歸於楊，逃楊必歸於儒。歸，斯受之而已矣。［一］今之與楊墨辯者，如追放豚，既入其苙，又從而招之。"［二］

［一］墨翟之道，兼愛無親疏之別，最爲違禮。楊朱之道，爲己愛身，雖違禮，尚得不敢毀傷之義。逃者，去也。去邪歸正，故曰歸。去墨歸楊，去楊歸儒，則當受而安之也。

［二］苙，欄也〔一〕。招，罥也。今之與楊墨辯爭道者，譬如追放逸之豕豚，追而還之入欄則可〔二〕，又復從而罥之，太甚。以言去楊墨歸儒則可，又復從而罪之，亦云太甚。《章指》言：驅邪反正，正斯可矣。來者不綏，追其前罪，君子甚之，以爲過也。

〔一〕欄也 "欄"，《天祿琳琅》本同，據阮刻本改。
〔二〕入欄則可 "欄"，《天祿琳琅》本同，據阮刻本改。

（十四·二十七）

孟子曰："有布縷之征，粟米之征，力役之征。[一]君子用其一，緩其二。用其二而民有殍，用其三而父子離。"[二]

[一] 征，賦也。國有軍旅之事，則橫興此三賦也。布，軍卒以爲衣也；縷，紩鎧甲之縷也。粟米，軍糧也。力役，民負荷斯養之役也。

[二] 君子爲政，雖遭軍旅，量其民力，不並此三役，更發異時。急一緩二，民不苦之。若並用二，則路有餓殍。若並用三，分崩不振，父子離析，忘禮義矣。《章指》言：原心量力，政之善者；繇役並興，以致離殍；養民輕斂，君子道也。

（十四·二十八）

孟子曰："諸侯之寶三：土地、人民、政事。寶珠玉者，殃必及身。"[一]

[一] 諸侯正其封疆，不侵鄰國，鄰國不犯，寶土地也；使民以時，居不離散，寶人民也；脩其德教，布其惠政，寶政事也。若寶珠玉，求索和氏之璧〔一〕、隋侯之珠，與強國爭之，強國加害，殃及身也。《章指》言：寶此三者，以爲國珍。寶於爭玩，以殃其身。諸侯如茲，永無患也。

（十四·二十九）

盆成括仕於齊，孟子曰："死矣盆成括！"[一]

〔一〕 和氏之璧 "氏"，底本作"民"，據《天祿琳琅》本、阮刻本改。

盆成括見殺，門人問曰：“夫子何以知其將見殺？”^[二]
曰：“其爲人也小有才，未聞君子之大道也，則足以殺其軀而已矣。”^[三]

[一] 盆成，姓；括，名也。嘗欲學於孟子，問道未達而去，後仕於齊。孟子聞而嗟歎曰：死矣盆成括。知其必死。

[二] 門人問孟子何以知之也。

[三] 孟子答門人，言括之爲人小有才慧，而未知君子仁義謙順之道，適足以害其身也。《章指》言：小知自私，藏怨之府；大雅先人，福之所聚。勞謙終吉，君子道也。

（十四·三十）

孟子之滕，館於上宮。^[一]有業屨於牖上，館人求之弗得。或問之曰：“若是乎從者之廋也？”^[二]
曰：“子以是爲竊屨來與？”^[三]
曰：“殆非也。”^[四]
“夫子之設科也，往者不追，來者不距。苟以是心至，斯受之而已矣。”^[五]

[一] 館，舍也。上宮，樓也。孟子舍止賓客所館之樓上也。

[二] 屨，扉屨也。業，織之有次。業而未成也，置之窗牖之上，客到之後，求之不得。有來問孟子者曰是客從者之廋？廋，匿也。孟子與門徒相隨，從車數十，故曰侍從者所竊匿也。

[三] 孟子謂館人曰：子以是衆人來隨事我，本爲欲竊屨故來邪。

[四] 館人曰殆非爲是來事夫子也。自知問之過。

[五] 孟子曰：夫我設教授之科，教人以道德也，其去者亦不追

呼,來者亦不距逆,誠以是學道之心來至,我則斯受之,亦不知其取之與否。君子不保異心也。見館人言殆非爲是來,亦云不能保知,謙以答之。《章指》言:教誨之道,受之如海,百川移流,不得有距。雖獨竊屨,非己所絕,順答小人,小人自咎,所謂造次必於是也。

(十四·三十一)

孟子曰:"人皆有所不忍,達之於其所忍,仁也。[一]人皆有所不爲,達之於其所爲,義也。[二]人能充無欲害人之心,而仁不可勝用也。[三]人能充無穿踰之心,而義不可勝用也。[四]人能充無受爾汝之實,無所往而不爲義也。[五]士未可以言而言,是以言餂之也。可以言而不言,是以不言餂之也。是皆穿踰之類也。"[六]

[一] 人皆有所愛,不忍加惡,推之以通於所不愛,皆令被德,此仁人也。

[二] 人皆有不喜爲,謂貧賤也。通之於其所喜爲,謂富貴也。抑情止欲,使若所不喜爲此者,義人也。

[三] 人皆有不害人之心,能充大之以爲仁,仁不可勝用也。

[四] 穿牆踰屋,姦利之心也。人既無此心,能充大之以爲義,義不可勝用。

[五] 爾汝之實,德行可輕賤,人所爾汝者也。既不見輕賤,不爲人所爾汝,能充大而以自行,所至皆可以爲義也。

[六] 餂,取也。人之爲士者,見尊貴者未可與言而強與之言,欲以言取之也,是失言也。見可與言者而不與之言,不知賢人可與之言,而反欲以不言取之,是失人也。是皆趨利入邪無

知之人,故曰穿踰之類也。《章指》言:善恕行義,充大其美,無受爾汝,何施不可。取人不知,失其臧否,比之穿踰,善亦遠矣。

(十四·三十二)

孟子曰:"言近而指遠者,善言也。守約而施博者,善道也。君子之言也,不下帶而道存焉。[一]君子之守,脩其身而天下平。[二]人病舍其田而芸人之田,所求於人者重,而所以自任者輕。"[三]

[一] 言近指遠,近言正心,遠可以事天也。守約施博,約守仁義,大可以施德於天下也。二者可謂善言善道也。正心守仁,皆在胸臆,吐口而言之,四體不與焉。故曰不下帶。

[二] 身正物正,天下平矣。

[三] 芸,治也。田以喻身,舍身不治,而欲責人治,求人大重,自任大輕。《章指》言:言道之善,以心爲原,當求諸己,而責於人,君子尤之,況以妄芸。言失務也。

(十四·三十三)

孟子曰:"堯舜,性者也。湯武,反之也。[一]動容周旋中禮者,盛德之至也。[二]哭死而哀,非爲生者也。[三]經德不回,非以干祿也。言語必信,非以正行也。[四]君子行法以俟命而已矣。"[五]

[一] 堯舜之體性自善者也。殷湯、周武,反之於身,身安乃以施人,謂加善於民。

〔二〕人動作容儀周旋中禮者，盛德之至。

〔三〕死者有德，哭者哀也。

〔四〕經，行也。體德之人，行其節操，自不回邪〔一〕，非以求祿位也。庸言必信，非必欲以正行爲名也，性不忍欺人也。

〔五〕君子順性蹈德，行其法度，夭壽在天，待命而已矣。《章指》言：君子之行，動合禮中，不惑禍福，脩身俟終。堯舜之盛，湯武之隆，不是過也。

（十四·三十四）

孟子曰："說大人則藐之，勿視其巍巍然。〔一〕堂高數仞，榱題數尺，我得志弗爲也。〔二〕食前方丈，侍妾數百人，我得志弗爲也。〔三〕般樂飲酒，驅騁田獵，後車千乘，我得志弗爲也。〔四〕在彼者，皆我所不爲也。在我者，皆古之制也。吾何畏彼哉？"〔五〕

〔一〕大人，謂當時之尊貴者也。孟子言說此大人之法，心當有以輕藐之，勿敢視之巍巍富貴若此，而不畏之，則心舒意展，言語得盡。

〔二〕仞，八尺也。榱題，屋霤也。高堂數仞，榱題數尺〔二〕，奢汰之室，使我得志，不居此堂也。大屋無尺丈之限，故言數仞也。

〔三〕極五味之饌食，列於前方一丈，侍妾衆多至數百人也。

〔四〕般，大也。大作樂而飲酒，驅騁田獵，從車千乘，般于遊田也。

〔五〕在彼貴者驕佚之事，我所恥爲也。在我所行，皆古聖人所制

〔一〕操自不回　此四字底本無，據《天祿琳琅》本、阮刻本補。
〔二〕榱題數尺　"榱題"，底本作"振屋"，據《天祿琳琅》本、阮刻本改。

之法，謂恭儉也。我心何爲當畏彼人乎哉。《章指》言：富貴而驕，自遺咎也。茅茨采椽，聖堯表也。以賤説貴，懼有蕩心，心謂彼陋，以寧我神，故以所不爲爲之寶玩也。

（十四·三十五）

孟子曰："養心莫善於寡欲。其爲人也寡欲，雖有不存焉者，寡矣。"[一] 其爲人也多欲，雖有存焉者，寡矣。"[二]

[一] 養，治也。寡，少也。欲，欲利也。雖有少欲而亡者，謂遭橫暴，若單豹臥深山而遇飢虎之類也。然亦寡矣。

[二] 謂貪而不亡，蒙先人德業，若晉欒黶之類也，然亦少矣，不存者衆也。《章指》言：清靜寡欲，德之高者，畜聚積實，穢行之下。廉者招福，濁者速禍，雖有不然，蓋非常道，是以正路不可不由也。

（十四·三十六）

曾晳嗜羊棗，而曾子不忍食羊棗。公孫丑問曰："膾炙與羊棗孰美？"[一]

孟子曰："膾炙哉。"[二]

公孫丑曰："然則曾子何爲食膾炙而不食羊棗？"

曰："膾炙所同也，羊棗所獨也。諱名不諱姓，姓所同也，名所獨也。"[三]

[一] 羊棗，棗名也。曾子以父嗜羊棗，父没之後，惟念其親，不復食羊棗，故身不忍食也。公孫丑怪之，故問羊棗孰與膾炙美也。

［二］言膾炙固美也，何比於羊棗。

［三］孟子言膾炙雖美，人所同嗜。獨曾子父嗜羊棗耳，故曾子不忍食也。譬如諱君父之名，不諱其姓。姓與族同之，名所獨也，故諱之也。《章指》言：情禮相扶，以禮制情，人所同然，禮則不禁。曾參至孝，思親異心，羊棗之感，終身不嘗，孟子嘉焉，故上章稱曰：豈有非義而曾子言之者也。

（十四·三十七）

萬章問曰："孔子在陳，曰：'盍歸乎來？吾黨之小子狂簡進取，不忘其初。'孔子在陳，何思魯之狂士？"［一］

孟子曰："孔子'不得中道而與之，必也狂獧乎？狂者進取，獧者有所不爲也'。孔子豈不欲中道哉？不可必得，故思其次也。"［二］

"敢問何如斯可謂狂矣？"［三］

曰："如琴張、曾皙、牧皮者，孔子之所謂狂矣。"［四］

"何以謂之狂也？"［五］

曰："其志嘐嘐然，曰：'古之人，古之人。'夷考其行而不掩焉者也。［六］狂者又不可得，欲得不屑不絜之士而與之，是獧也，是又其次也。［七］孔子曰：'過我門而不入我室，我不憾焉者，其惟鄉原乎！鄉原，德之賊也。'"［八］

曰："何如斯可謂之鄉原矣？"［九］

曰："何以是嘐嘐也？言不顧行，行不顧言，則曰'古之人，古之人。行何爲踽踽涼涼？生斯世也，爲斯世也，善斯可矣'。閹然媚於世也者，是鄉原也。"［一〇］

萬子曰："一鄉皆稱原人焉，無所往而不爲原人，孔子以爲德之賊，何哉？"［一一］

曰:"非之無舉也,刺之無刺也。同乎流俗,合乎汙世。居之似忠信,行之似廉絜,眾皆悅之,自以爲是,而不可與入堯舜之道,故曰德之賊也。[一二]孔子曰:'惡似而非者,惡莠,恐其亂苗也;惡佞,恐其亂義也;惡利口,恐其亂信也;惡鄭聲,恐其亂樂也;惡紫,恐其亂朱也;惡鄉原,恐其亂德也。'[一三]君子反經而已矣。經正則庶民興,庶民興,斯無邪慝矣。"[一四]

[一] 孔子戹陳,不遇賢人,上下無所交,蓋歎息思歸,欲見其鄉黨之士也。簡,大也。狂者,進取大道而不得其正者也。不忘其初,孔子思故舊也。《周禮》"五黨爲州,五州爲鄉",故曰吾黨之士也。萬章怪孔子何爲思魯之狂士也。

[二] 中道,中正之大道也。狂者能進取,獧者能不爲不善。時無中道之人,以狂獧次善者,故思之。

[三] 萬章曰人行何如斯則可謂之狂也。

[四] 孟子言人行如此三人者,孔子謂之狂也。琴張,子張也。子張之爲人,蹉跎譎詭,《論語》曰"師也辟",故不能純善而稱狂也,又善鼓琴,號曰琴張。曾晳,曾參父也。牧皮,行與二人同,皆事孔子學者也。

[五] 萬章問何以謂此人爲狂。

[六] 嘐嘐,志大言大者也。重言古之人,欲慕之也。夷,平也。考察其行,不能掩覆其言,是其狂也。

[七] 屑,絜也。不絜,汙穢也。既不能得狂者,欲得有介之人,能恥賤汙行不絜者,則可與言矣。是獧人次於狂者也。

[八] 憾,恨也。人過孔子之門不入,則孔子恨之。獨鄉原不入者無恨心耳,以其賊德故也。

［九］萬章問鄉原之惡云何。

［一〇］孟子言鄉原之人言何以是嘐嘐，若有大志也，其言行不顧，則亦稱曰古之人、古之人。行何爲踽踽涼涼，有威儀如無所施之貌也。鄉原者，外欲慕古之人，而其心曰古之人何爲空自踽踽涼涼，而生於今之世無所用之乎。以爲生斯世，但當取爲人所善善人則可矣，其實但爲合衆之行。媚，愛也。故閹然大見愛於世也，若是者謂之鄉原也。

［一一］萬子即萬章也，孟子錄之，以其不解於聖人之意，故謂之萬子。子，男子之通稱也。美之者，欲以責之也。萬子言人皆以爲原善，所至亦謂之善人，若是，孔子以爲賊德，何爲也。

［一二］孟子言鄉原之人能匿蔽其惡，非之無可舉者，刺之無可刺者，志同於流俗之人，行合於汙亂之世。爲人謀，居其身若似忠信，行其身若似廉絜爲行矣，衆皆悅美之，其人自以所行爲是，而無仁義之實，故不可與入堯舜之道也。無德而人以爲有德，故曰德之賊也。

［一三］似真而非真者，孔子之所惡也。莠之莖葉似苗；佞人詐飾，似有義者；利口辯辭，似若有信；鄭聲淫，人之聽似若美樂；紫色似朱，朱，赤也；鄉原惑衆，似有德者：此六似者，皆孔子之所惡也。

［一四］經，常也。反，歸也。君子治國家歸於常經，謂以仁義禮智道化之，則衆民興起而家給人足矣。倉廩實而知禮節，安有爲邪惡之行也。《章指》言：士行有科，人有等級，中道爲上，狂獧不合。似是而非，色屬內荏，鄉原之惡，聖人所甚。反經身行，民化於己，子率而正，孰敢不正也。

(十四·三十八)

孟子曰:"由堯舜至於湯,五百有餘歲,若禹、皋陶則見而知之,若湯則聞而知之。[一]由湯至於文王,五百有餘歲,若伊尹、萊朱則見而知之,若文王則聞而知之。[二]由文王至於孔子,五百有餘歲,若太公望、散宜生則見而知之,若孔子則聞而知之。[三]由孔子而來,至於今,百有餘歲,去聖人之世若此其未遠也,近聖人之居若此其甚也。然而無有乎爾,則亦無有乎爾。"[四]

[一]言五百歲聖人一出,天道之常也。亦有遲速,不能正五百歲,故言有餘歲也。見而知之,謂輔佐也。通於大賢次聖者,亦得與在其間,親見聖人之道而佐行之,言易也。聞而知之者,聖人相去卓遠,數百歲之間變故衆多,踰聞前聖所行,追而遵之,以致其道,言難也。

[二]伊尹,摰也。萊朱,亦湯賢臣也,一曰仲虺是也。《春秋傳》曰:"仲虺居薛,爲湯左相。"是則伊尹爲右相,故二人等德也。

[三]太公望,呂尚也,號曰師尚父。散宜生,文王四臣之一也。呂尚有勇謀而爲將,散宜生有文德而爲相,故以相配而言之也。

[四]至今者,至今之世,當孟子時也。聖人之間,必有大賢名世者。百有餘年,適可以出未爲遠而無有也。鄒魯相近,《傳》曰:"魯擊柝聞於邾。"近之甚也。言己足以識孔子之道,能奉而行之,既不遭值聖人,若伊尹、呂望之爲輔佐,猶可應備名世,如傳説之中出於殷高宗也。然而世謂之無有,此乃天不欲使我行道也。故重言之,知天意之審也。言則亦者,非實無有也。則亦當使爲無有也。乎爾者,歎而不怨之辭也。《章指》言:天地剖判,開元建始,三皇以來,人倫

攸敘。弘析道德，班垂文采，莫貴乎聖人。聖人不出，名世承間，雖有斯限，蓋有遇不遇焉。是以仲尼至"獲麟"而止筆，孟子以"無有乎爾"終其篇章，斯亦一契之趣也。

孟子篇敘

《孟子篇敘》者，言《孟子》七篇所以相次敘之意也。孟子以爲聖王之盛，惟有堯舜，堯舜之道，仁義爲上，故以梁惠王問利國，對以仁義爲首篇也。仁義根心，然後可以大行其政，故次以公孫丑問管晏之政，答以曾西之所羞也。政莫美於反古之道，滕文公樂反古，故次以文公爲世子，始有從善思禮之心也。奉禮之謂明，明莫甚於離婁，故次以離婁之明也。明者當明其行，行莫大於孝，故次以萬章問舜往于田號泣也。孝道之本，在於情性，故次以告子論情性也。情性在内而主於心，故次以盡心也。盡己之心，與天道通，道之極者也。是以終於盡心也。篇所以七者，天以七紀，璿璣運度，七正分離，聖以布曜，故法之也。章所以二百六十有九者，三時之日數也。不敢比《易》當期之數，故取其三時。三時者，成歲之要時，故法之也。三萬四千六百八十五字者，可以行五常之道，施七政之紀，故法五七之數而不敢盈也。文章多少，擬其大數，不必適等，猶《詩》三百五篇，而《論》曰"《詩》三百"也。章有大小，分章賦篇，篇趣五千，以卒其文，無所取法，猶《論》四百八十六章，章次大小，各當其事，亦無所法也。蓋所以佐明六藝之文義，崇宣先聖之指務，王制拂邪之隱括，立德立言之程式也。洋洋浩浩，具存乎斯文矣。

圖書在版編目(CIP)數據

孟子章句 /(東漢)趙岐章句;陸傑整理. —北京:商務印書館,2023
(十三經漢魏古注叢書)
ISBN 978–7–100–20710–2

Ⅰ.①孟… Ⅱ.①趙… ②陸… Ⅲ.①儒家 ②《孟子》—注釋 Ⅳ.① B222.52

中國版本圖書館 CIP 數據核字(2022)第 025876 號

權利保留,侵權必究。

封面題簽　陳建勝
特約審讀　李夢生

孟子章句

〔東漢〕趙　岐　章句
　　　　陸　傑　整理

商　務　印　書　館　出　版
(北京王府井大街36號　郵政編碼100710)
商　務　印　書　館　發　行
蘇州市越洋印刷有限公司印刷
ISBN 978–7–100–20710–2

2023 年 3 月第 1 版　　開本 890×1240　1/32
2023 年 3 月第 1 次印刷　印張 10
定價:60.00 元